Karl Kardi

Wei

Karl Kardinal Lehmann

Weihnachten

Die Kraft eines verkannten Festes

Unter Mitarbeit von Claudia Sticher

kbw bibelwerk

Inhaltsverzeichnis

Vorwort

Das Zweite Vatikanische Konzil hat mehrfach für alle Dienstämter in der Kirche die Verkündigung des Evangeliums als zentrale Aufgabe hervorgehoben. Papst Franziskus hat in seinem Apostolischen Schreiben »Evangelii Gaudium« vom 24. November 2013 die Priorität der Auslegung des Wortes Gottes nochmals sehr deutlich betont (vgl. Kapitel 3, Nr. 110–175). Diese Anforderung bezieht sich vor allem auch auf die grundlegenden Festgeheimnisse im Lauf des Kirchenjahres. Gewiss hat auch der Verkünder, wenn er über viele Jahre hinweg an diesen Festtagen mehrfach gefordert ist, Mühe mit der Notwendigkeit einer kontinuierlichen, doch immer wieder frischen Betrachtung dieser zentralen Glaubensgehalte. Wegen des stärkeren Gottesdienstbesuchs – gerade auch sonst eher distanzierter Christen – sowie eines höheren Interesses in der Öffentlichkeit und den Medien ist aber diese intensive Zuwendung zu den fundamentalen Wahrheiten umso notwendiger.

Ich habe deswegen in meinem Dienst als Priester und Bischof immer sehr darauf geachtet, diese große

Chance zu nutzen. Dies gilt nicht nur für die allgemeine Verkündigung in den Gottesdiensten, vor allem im Mainzer Dom, sondern für Betrachtungen zu den Festen im Radio, im Fernsehen und auch in den Printmedien. Ich habe mich bemüht, zwar die stets bleibende Identität der Festgeheimnisse zu wahren, aber dieser Grundbotschaft des Glaubens immer auch einige neue Impulse für heute zu entlocken.

Im Sinne einer gestuften Hinführung zum Weihnachtsgeheimnis habe ich dies schon im Jahr 1987 in dem kleinen Buch »Vor dem Wunder der Weihnacht. Meditationen und Besinnungen« (Freiburg i. Br. 1987 u. ö.) versucht. Ich bin im Abstand von über 25 Jahren immer wieder darum gebeten worden, neue Zeugnisse aus dieser Zeit zu einem eigenen Bändchen zusammenzustellen. In diesem Sinne wurden die hier wieder zugänglich gemachten 14 Beiträge zum Advent und zum Weihnachtsfestkreis ausgewählt und nochmals durchgesehen. Die Texte zu Neujahr und zu Dreikönig/Epiphanie wurden schon aus Gründen des Umfangs ausgespart.

Die zunehmende Ökonomisierung und spirituelle Entleerung des Advents und vor allem des Weihnachtsfestes zwingen den Hörer und Leser, besonders aber den Verkünder, zu größerer Tiefe. Über alle bisherigen Aussagen hinaus, die durchaus Bestand haben, hat sich wie ein roter Faden der Gedanke durchgesetzt, der im Titel zum Ausdruck kommt: Weihnachten bedeutet eine Revolution im Gottesverständnis der Religionen.

Ich danke besonders meiner Persönlichen Referentin, Frau Dr. Claudia Sticher, für ihre große und kundige Hilfe bei der Auswahl der Texte, der Vorbereitung zur Drucklegung und der Begleitung dieser Veröffentlichung. Herrn Burkhard Menke vom Verlag Katholisches Bibelwerk in Stuttgart danke ich für das Interesse an diesem kleinen Werk und die Sorgfalt bei der Drucklegung.

Mainz, 15. August 2014,
Fest der Aufnahme Mariens in den Himmel

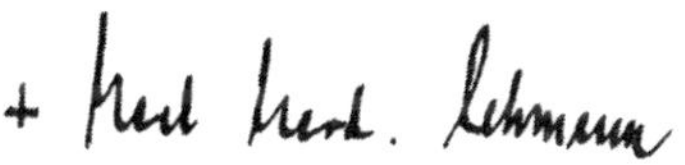

Weihnachten – die revolutionäre Kraft eines verkannten Festes

Wenn wir das Geschehen dieser Tage und Wochen vor dem großen Fest betrachten, könnte man manchmal denken, »Weihnachten« sei eine ziemlich beliebig auffüllbare oder auch leere Worthülse geworden. So mag es erlaubt sein, in wenigen Strichen auf den bleibenden Ursprung des Festes einzugehen.

Weihnachten verdankt sich zutiefst einer Revolution im Gottesverständnis. »Gott« thront im biblischen Verständnis bei aller Weltüberlegenheit nicht selig in sich selbst, sondern er wendet sich aus freien Stücken der Geschichte zu: durch sein Wort, in der Tat der Schöpfung, durch seine Weisungen und die Botschaft der Propheten. Es ist ein ständiger Herabstieg Gottes, bis er schließlich in seinem »Sohn« unter uns Wohnung nimmt. Näher kann Gott nicht zu uns kommen. Der einziggeborene Sohn ist das äußerste, tiefste und letzte Wort Gottes für uns.

Gott wird Mensch. Dies zeichnet auch den Menschen aus. Gott kann ein Mensch werden, ohne dass er aufhörte, Gott zu sein. Die Theologen aller Jahrhunderte haben viel über die Vereinbarkeit dieser

Aussagen nachgedacht. Der Mensch ist so groß, dass er Gott aufnehmen kann, ohne dass Gott eine Minderung seines tiefsten Wesens erfahren muss.

Hier ist die Würde des Menschen begründet: Wenn Gott ein Mensch werden kann, dann muss der Mensch einen sehr hohen Rang haben. Er verlangt so auch Respekt und Achtung bis in den rechtlichen Schutz hinein. Wenn Gott Mensch wird, muss man jedes Menschenwesen in seinem eigenen Wert und in seiner Würde verteidigen und schützen.

Gott spielt nicht mit uns. Er zieht nicht nur ein menschliches Gewand an, um dann doch rasch wieder in seine Herrlichkeit zu entschwinden. Er kommt auch nicht nur in unsere Nähe, sondern wird ganz und gar ein Mensch: Er kennt die Freude und den Schmerz dieses Lebens. Er kennt den Menschen. Darum weiß er um die Macht des Hasses und des Bösen, aber auch um die Kraft der Versöhnung und der Liebe. Hier zeigt sich die »Macht« Gottes in besonderer Weise. Sie besteht nicht in der Anwendung äußerster Gewalt, die alles unter sich zwingt, sondern Gottes wahre Größe besteht im Schonen und Vergeben. Um dies zu bezeugen, kommt er leibhaftig in unsere Welt. Darum stößt er auch auf die härteste Gewalt. Krippe und Kreuz gehören zusammen. Aber der Tod mit seiner zerstörerischen Kraft hat nicht das letzte Wort. Am Ende siegt die Hingabe des Lebens für die Menschen und damit die Kraft der Liebe. Und dies zeigt sich schon am Anfang: Gott kommt in der Ohnmacht eines Kindes.

So ist Weihnachten gewiss Anlass zur Freude. Man kann sie jedoch wirklich nur in der Ruhe der Besinnung und in festlicher Feier erfahren. Aber es ist nicht eine romantische Verträumtheit, gleichsam ein Märchen für Kinder. Das wahre Weihnachten hat eine große revolutionäre Kraft, nämlich der Menschlichkeit und Menschenwürde, in sich. Darum hält Weihnachten vielem stand, und ich bin überzeugt, dass viele Menschen im Grunde *darum* dieses Fest lieben.

Advent

Warten und Hoffen

Am sogenannten Ersten Adventssonntag beginnen wir ein neues Kirchenjahr – ein Anfang, der uns zugleich auf Weihnachten hin einstimmt und damit auch bald auf ein neues bürgerliches Jahr. Aller Anfang scheint zunächst leicht zu sein. Wir schließen eine alte Zeiteinheit ab und lassen sie hinter uns. Aber so einfach ist es dann doch nicht. Wir nehmen uns ja selber mit, damit auch den alten Schlendrian und alles, was uns an einem wirksamen Willen zur Änderung und Besserung hindert. Deshalb ist es heilsam, wenn wir mit Worten aus dem Römerbrief des Heiligen Paulus im Blick auf diesen Anfang und seine Chancen aufgerüttelt werden.

> Brüder (und Schwestern)!
> Bedenkt die gegenwärtige Zeit:
> Die Stunde ist gekommen, aufzustehen vom Schlaf.
> Denn jetzt ist das Heil uns näher
> als zu der Zeit, da wir gläubig wurden.
> Die Nacht ist vorgerückt,
> der Tag ist nahe.

> Darum lasst uns ablegen die Werke der Finsternis
> und anlegen die Waffen des Lichts.
> Lasst uns ehrenhaft leben wie am Tag,
> ohne maßloses Essen und Trinken,
> ohne Unzucht und Ausschweifung,
> ohne Streit und Eifersucht.
> Legt als neues Gewand den Herrn Jesus Christus an
> und sorgt nicht so für euren Leib, dass die Begierden erwachen. (Röm 13,11–14)

Wir sollen nicht einfach weiterschlafen, uns zufriedengeben mit dem, was und wie wir sind. Der Schlaf, der uns nach des Tages Müh so wohltut, darf keine ständige Lebensform werden. Wir sollten erneut darum wissen, in welcher besonderen und herausfordernden Zeit wir leben. Paulus verwendet hier ein eigenes griechisches Wort, nämlich »kairos«, das einen besonders qualifizierten, schicksalsträchtigen Augenblick bezeichnet. Wir könnten hier frei übersetzen: Wir wissen, was die Stunde geschlagen hat! Paulus verwendet ein in der Urchristenheit geläufiges Bild: Die Stunde ist schon da, aufzustehen vom Schlaf. Die Menschen warten auf das Kommen des Menschensohnes. Plötzlich kündigt ein Weckruf die Ankunft des Erwarteten an (vgl. Mt 24,42–25,13) – nach einem Wort im Brief an die Epheser, das uns schon bei der Taufe zugerufen wird: »Wach auf, du

Schläfer, und steh auf von den Toten, und Christus wird dein Licht sein« (5,14). Die Wachsamkeit muss jetzt besonders groß sein: »Denn jetzt ist das Heil uns näher als zu der Zeit, da wir gläubig wurden.«

Wie wichtig gesteigerte Wachsamkeit ist, unterstreicht Paulus nochmals durch das Bild vom kommenden Tag: »Die Nacht ist vorgerückt, der Tag ist (ganz) nahe.« Der Apostel denkt aber nicht an eine kalendermäßig und chronologisch messbare Zeit, sondern er möchte die Konsequenzen für eine Lebensführung beschreiben, die dem »anbrechenden Tag« entspricht. Er spielt dabei mit der Bedeutung des Wortes Gottes: Tag im Gegensatz zu Nacht und Finsternis, wie er dies auch sonst öfter macht (vgl. 1 Thess 5,1–10). *Tag* ist das Wort für das Licht des Tages, das von denen gemieden wird, die Unanständiges und Böses im Sinn haben. Ein solches Verhalten ist typisch für das Dunkel der *Nacht*. Die Finsternis der Nacht steht für die Macht, die das Böse will und wirkt. Der Tag steht für das hereinbrechende Licht der kommenden Herrschaft Gottes, die alles Böse überwinden und Heil für die bringen wird, die sich ihm glaubend geöffnet haben.

Aber vielleicht muss man sogar noch einen Schritt zurückgehen, wenn in so deutlicher Form vom Aufstehen aus dem Schlaf gesprochen wird. Leben wir nicht manchmal einfach dahin, von Tag zu

Tag, als ob alles gleich-gültig wäre, von der Hand in den Mund? Seit alter Zeit gilt der Mensch als ein Wesen der Wachsamkeit. Wir sind nicht Tiere, die allein ihrem Instinkt vertrauen können. Wir müssen viel aufmerksamer sein. Die Gefahren für den Menschen sind viel größer, und wir sind auch anfälliger für vieles, was uns schädigt. Die Wächter auf den Türmen unserer Städte, die die ganze Nacht, während wir schlafen, Ausschau halten nach einem eventuell ausbrechenden Feuer – sie sind zugleich ein Sinnbild für den wachen Menschen, auch wenn wir heute keine Wächter mehr auf unseren Türmen haben.

Wachsam und aufmerksam sein kann man aber nur, wenn man etwas erwartet und erhofft, und sei es nur ein heller, gesunder Tag. Dabei ist es wichtig, dass wir etwas *er*warten. Warten allein genügt nicht, wir dürfen in unserem Leben nicht einfach herumsitzen, als ob wir ständig untätig wie in einem ewigen Wartezimmer sitzen. Absitzen nennt man so etwas. Dies würde aber auch bedeuten, dass wir unsere Lebenschancen verpassen und regelrecht verschlafen. Der Mensch ist, wie er ein Wachender ist, auch ein Wartender. Er hofft immer auf etwas. Sonst gibt es keine Spannung im Leben. Wir sind immer auch auf eine – und sei es auch eine noch so kleine – Erfüllung aus. Dies kann die Vorfreude sein auf das baldige Gelingen eines Vorhabens, das Eintreffen einer glücklichen Nachricht oder das Glücken einer langersehnten Begegnung, vielleicht ein Wiedersehen. Jedes Warten ist ein Stück weit die Vorwegnahme kommender Ereignisse, auf die wir uns insgeheim freuen. Ein Mensch, der gar nichts mehr zu erwarten hat, ist buchstäblich »fertig«. Aber dann verlieren wir auch die Auszeichnung, ein Mensch zu sein.

Der Advent setzt an diesem Punkt unserer menschlichen Erfahrung ein. Er hat etwas mit unserer Zukunft zu tun. Wir träumen von etwas, wir ersehnen etwas, wir hoffen auf jemand. Unsere Ziele können weit vor uns liegen wie ein Pfeil unserer Sehnsucht. Ja, es können Träume und Utopien sein. Gerade wenn wir in Not sind, spüren wir, wie wichtig eine Wende ist, die wir erwarten. Viele Menschen, auch in unserer Welt, einzeln und in Gemeinschaft warten, dass sie ihren Hunger befriedigen, ihren Durst stillen und Gerechtigkeit erlangen können: Freiheit zumal. So ist der Advent immer auch gekennzeichnet durch viele Einzelne und ganze Völker, die durch die Nacht der Knechtung und der Bedrückung gehen. Deshalb sollten wir auch in der Adventszeit besonders sensibel sein für das Leiden und die Hilfsbedürftigkeit so vieler Menschen auf unserer Welt. Den Erwartungen anderer Raum zu geben, sie nicht ins Leere laufen zu lassen, ist ein wichtiges Werk des Friedens.

Die Menschen wissen seit uralter Zeit, dass dieser Friede nicht einfach von selbst kommt, automatisch eintritt oder wie ein Blitz vom Himmel fällt. Sie erwarten vielmehr Menschen von ganz besonderer Art, die diesen Umschwung herbeiführen: Herrscher mit besonderem Geschick – aber Gewalt macht es nicht, sondern schafft nur neues Unrecht und Leid –; Führer und Könige mit großer Weisheit und dem Willen zur Gerechtigkeit für alle. Aber dies sind ja Erwartungen, die oft in der Menschheitsgeschichte bitter enttäuscht wurden. Sie suchen nach einem wirklichen gerechten Richter, der die Wege zum Frieden eröffnet. Die Sehnsucht danach ist in allen Religionen groß.

Dies ist auch der Grund, warum man das Wort vom Advent, besonders seit dem Kommen Jesu Christi, nochmals anders verstehen kann. Advent heißt auf der einen Seite *Zukunft,* wie wir es bisher verstanden haben. Advent heißt aber auch *Ankunft.* Damit ist gemeint, dass unsere Zukunft von vorn her auf uns zukommt. Es ist eine Zukunft, die nicht wir einfach machen, sondern die uns von vorn geschenkt wird. Diese Zukunft ist dann etwas ganz Neues. Zukunft ist nicht zuerst »futurum«: unsere nach vorn entworfenen Möglichkeiten, sondern »adventus«: Gott selbst kommt von vorn auf uns zu. Gott spricht wie bei den Propheten: »Ich will euch eine Zukunft und eine Hoffnung geben« (vgl. z. B. Jer 29,11). So souverän und frei kann nur Gott selbst reden. In einem Menschenmund wäre ein solches Wort vermessen. Nur derjenige, der auch die Unwahrheit und die Sünde, die Ungerechtigkeit und den Tod besiegt, kann dieses steile Wort sagen: *Ich* gebe euch eine Zukunft und eine Hoffnung. Immer wieder wird der wartende Mensch dieses »Ich« suchen.

Der Advent gibt uns eine neue Chance für einen solchen Aufbruch in unsere Zukunft hinein. Er stellt uns dabei Menschen zur Seite, die wirkliche Wegweiser sind. Sie helfen uns, dass wir nicht einschlafen und schläfrig werden. Sie wecken uns immer wieder, indem sie uns die Augen öffnen. Wir sind nicht allein, sondern haben Helfer und Tröster als Weggenossen in unserer Nähe. Es sind die Propheten des Alten Bundes, die uns durch die Jahrhunderte begleiten. Es gibt unter diesen Propheten Johannes den Täufer, der die Wege für einen Größeren bereitet. Und es gibt auf diesem Weg auch die zunächst so unscheinbare junge Frau aus dem einfachen Volk Israels, die Maria heißt und in ganz besonderer Weise wachsam und offen ist für das immer überraschende Wort Gottes in unser Leben hinein. Wenn wir auf diese Gestalten der Wachsamkeit und der Hoffnung achten, dann haben wir auch die Chance, in Jesus den Erlöser und Befreier von aller

Ungerechtigkeit und Sünde, den Vollender unserer Hoffnung zu erkennen.

Freilich müssen wir noch etwas bedenken. Wenn wir nicht alles von unserem aktiven Tun, von Aktivismus und Religion erwarten dürfen, so erlangen wir auch keine Erfüllung unserer Hoffnungen ohne unser Zutun. Gott schenkt Zukunft und Hoffnung nicht in schlechthin untätige Hände, so wenig sie allein von unserer Leistung abhängig gemacht werden dürfen. Darum sagt uns der Heilige Paulus auch an Beispielen, die heute noch zutreffen: »Darum lasst uns ablegen die Werke der Finsternis und anlegen die Waffen des Lichts. Lasst uns ehrenhaft leben wie am Tag, ohne maßloses Essen und Trinken, ohne Unzucht und Ausschweifung, ohne Streit und Eifersucht« (Röm 13,12b–13). Darum gehört zur Verheißung eines neuen Anfangs auch der Auftrag, nach Gott zu suchen und nach ihm zu rufen.

So viele Lieder im Advent, die von weither kommen und die Sehnsucht der Menschen nach einer neuen Gerechtigkeit durch Jahrtausende hindurch erklingen lassen, helfen uns dabei zu rufen: »Herr, komm!« Aber zu diesem Kommen müssen wir ihm entgegengehen.

»*Eile mit Weile*«

Alle Jahre wieder kommt nicht nur das Christuskind, sondern auch der ganze Reigen der Feste und Bräuche. Manchem erscheint dies vielleicht langweilig. Es sieht so aus wie eine simple Wiederholung des immer Gleichen. Wir Menschen von heute sind durch unsere Gewohnheiten des modernen Lebens auf stets Neues, auf Abwechslung und unaufhörlichen Wandel eingestellt. Da haben es in der Tat wiederkehrende Ereignisse und Feste schwerer.

Vielleicht ist dies aber auch manchmal unsere Schwäche, vieles schnell wieder über Bord zu werfen und nach Neuem und Anderem zu hasten. Wir machen es nicht nur mit der Mode und mit allerhand Schnickschnack des täglichen Lebens so. Manchmal werden wir auch dazu verführt, dass wir Menschen und menschliche Beziehungen schnell auswechseln. Wir nehmen uns dann nicht die Zeit, den anderen mit seinen – vielleicht verborgenen – Gaben und Fähigkeiten besser kennenzulernen und die Beziehungen untereinander zu vertiefen. Für manches andere, was sich nicht so lautstark in unserem Leben aufdrängt, haben wir dann oft überhaupt keine Zeit. Dies gilt vielleicht für Kranke und Behinderte, aber auch für Gott.

Schon lange gibt es Denker und Analytiker unserer Gesellschaft, die ein wichtiges Merkmal unserer Zeit in einer stetigen Steigerung sehen: Autos werden schneller, Computer leistungsfähiger, Medien aufregender. Krisen erscheinen bloß als Durchgangsstadien zur nächsten Hochkonjunktur. Plötzlich spüren wir, dass es so nicht endlos weitergeht. Wir stecken mitten in dieser Erfahrung. Das wirtschaftliche Wachstum stockt, die Nachfrage bleibt aus, für Investitionen fehlt das Geld. Jedenfalls kommt die Vorherrschaft eines Denkens und Verhaltens mit immer größerer Steigerung und noch rascherer Beschleunigung an eine nicht mehr so leicht übersteigbare Grenze. Aber was könnte denn dieses Andere sein?

Es tut gerade dem so gehetzten Menschen gut, wenn er mit dem Wiederbeginn eines neuen Kirchenjahres selber wieder von vorn beginnen darf. Manches haben wir ohnehin in der Fülle unserer Aufgaben und Interessen versäumt. Vielleicht waren wir auch nicht offen genug für es. Da kann die Möglichkeit einer Wiederholung geradezu befreiend wirken. Man hat nichts endgültig verpasst. Es ist die Chance, etwas, was eigentlich schon vergangen ist, nochmals frisch kennen zu lernen. Wenn man wieder neu anfangen kann und nicht eingeschlossen ist in das, was war und vielleicht auch falsch gemacht worden ist, ist dies immer ein Stück wahrer Gnade.

Wir können nicht einfach aus dem Rhythmus unserer Zeit und unserer Aufgaben völlig aussteigen. Aber wenn wir die alles mitreißende Dynamik unseres Alltags ein wenig unterbrechen, dann sind wir schon auf einem guten Weg. Auch kleine Pausen können schon eine erholsame Oase sein. Ein altes Sprichwort, das viel Weisheit enthält, sagt uns: Eile mit Weile. Wir sollten uns im Tempo unseres Lebens immer wieder kleine Augenblicke der Ruhe und des Nachdenkens leisten. Dies gilt auch für die Zeit, die wir für jene Menschen haben sollten, die uns am nächsten stehen.

Dann könnten wir in der stetigen Beschleunigung unseres Lebens, die uns immer mehr aushöhlt und auffrisst, eine Möglichkeit haben, wenigstens in unserem Denken und Fühlen etwas langsamer, das heißt nachdenklicher und nachhaltiger zu werden. Der Advent hilft uns mit seinen vielen Gestalten unterwegs, zum Beispiel die Propheten, Johannes der Täufer, Maria und schließlich das Kind in der Krippe. Wir lernen dann wieder das Warten. Wir nehmen uns ja alles. Aber wer in Geduld warten kann, hat auch wirklich Freude über etwas, das er dann findet und ihm geschenkt wird. Gehen wir im Advent einmal etwas langsamer und bedächtiger unsere Wege. Es gibt viele Hilfen dafür. Schauen wir zum Beispiel einmal jeden Tag auch in den Adventskalender unserer Kinder.

Jesu Anfang

Im Advent gehen wir weit zurück zu den elementaren Erwartungen des Menschen und zu so etwas wie einer grundlegenden Suche nach dem Sinn der Geschichte und des Lebens der Einzelnen. Wir gehen weit zurück, nämlich auch gleichsam hinter den Neuen und den Alten Bund. Die Menschen kommen aus dem Dunkel, vor allem auch der Bedrängnis und Ängste, und suchen ein Licht, das ihnen Orientierung, aber auch die Verbesserung ihrer Lebensverhältnisse verspricht. Da werden Auge und Ohr schärfer. Vieles Nebensächliche tritt zurück. Umso stärker wird die Frage: Worauf kommt es an?

Bei der Suche nach einer Antwort können uns Lesungstexte des Advents sehr hilfreich sein; ich wähle hier einen, der aus dem dritten Teil des Buches Jesaja stammt. In diesem Teil (Kap. 56–66) finden wir die Botschaft eines unbekannten Propheten, den die alttestamentliche Bibelauslegung heute Tritojesaja, also »Dritter Jesaja« nennt. Er beschreibt in großer Leidenschaft die jubelnden Verheißungen Gottes an sein Volk. Aber er übergeht auch nicht die konkreten Missstände, die Unterdrückungsverhältnisse und die Opfer. So hält er auch Ausschau nach jemand, der hier Abhilfe schaffen kann, einen Retter, der ganz anders sein muss als die vielen, die dem Menschen oft den Himmel versprechen, aber die Hölle bringen.

> Der Geist Gottes, des Herrn, ruht auf mir; denn der Herr hat mich gesalbt. Er hat mich gesandt, damit ich den Armen eine frohe Botschaft bringe und alle heile, deren Herz zerbrochen ist, damit ich den Gefangenen die Entlassung verkünde und den Gefesselten die Befreiung, damit ich ein Gnadenjahr des Herrn ausrufe. Von Herzen will ich mich freuen über den Herrn. Meine Seele soll jubeln über meinen Gott. Denn er kleidet mich in Gewänder des Heils, er hüllt mich in den Mantel der Gerechtigkeit, wie ein Bräutigam sich festlich schmückt und wie eine Braut ihr Geschmeide anlegt. Denn wie die Erde die Saat wachsen lässt und der Garten die Pflanzen hervorbringt, so bringt Gott, der Herr, Gerechtigkeit hervor und Ruhm vor allen Völkern. (Jes 61,1–2a.10–11)

Dieser Text ist besonders deshalb so wichtig, weil Jesus bei seinem ersten Auftritt in der Öffentlichkeit auf ihn zurückgreift (Lk 4,16–30; Mk 6,1–6 = Mt

13,54–58). So heißt es im vierten Kapitel des Lukasevangeliums (16–20):

> So kam er auch nach Nazaret, wo er aufgewachsen war, und ging, wie gewohnt, am Sabbat in die Synagoge. Als er aufstand, um aus der Schrift vorzulesen, reichte man ihm das Buch des Propheten Jesaja. Er schlug das Buch auf und fand die Stelle, wo es heißt: *Der Geist des Herrn ruht auf mir; denn der Herr hat mich gesalbt. Er hat mich gesandt, damit ich den Armen eine gute Nachricht bringe; damit ich den Gefangenen die Entlassung verkünde und den Blinden das Augenlicht; damit ich die Zerschlagenen in Freiheit setze und ein Gnadenjahr des Herrn ausrufe.* Dann schloss er das Buch, gab es dem Synagogendiener und setzte sich.

Wir dürfen uns diese Lesung Jesu etwa folgendermaßen vorstellen. Im Lesegottesdienst standen am Anfang das jüdische Glaubensbekenntnis (vgl. Dtn 6,4–9; 11,13–21) und das Lob Gottes im »Achtzehngebet« (Num 11,24 ff.) mit einem eingeschobenen Segen des Priesters. Danach kam eine Lesung aus den ersten fünf Büchern Mose, danach die Verlesung eines Prophetenabschnitts. Der verlesene hebräische Text wurde anschließend in aramäischer Sprache umschrieben und so auch schon etwas interpretiert. Die Lesungen wurden von einem Pult auf einem hölzernen Podium aus stehend vorgenommen, die Erläuterung erfolgte sitzend vom Podium aus. Der Synagogenvorsteher (vgl. Apg 13,15) ließ durch einen Diener die betreffende Schriftrolle aus dem Tora-Schrein holen und dem Lesenden überreichen. Jedenfalls reicht man Jesus den Text, den er braucht. Er darf sich selbst die Schriftstelle Jes 61,1–2a aussuchen. Damals gab es offenbar noch keine feste Ordnung der Lesungen, sodass Jesus ziemlich frei auswählen konnte.

Jesus hat diesen Text wohl ausgewählt, weil er in ihm am besten das ausgedrückt fand, was er tun und sagen konnte und wollte. Gerade Lukas sieht darin nicht nur ein wichtiges Datum, dass Jesus zum ersten Mal öffentlich auftritt, dazu noch in seiner Heimat, nämlich in Nazaret. Für ihn geht es um den grundlegenden Anfang seines Auftretens und seiner Sendung überhaupt. Es geht um das Programm Jesu, das Programm, das ihn von Anfang an und bis zu seiner Vollendung bestimmt. Man kann daher sagen, dass es um Jesu Selbstoffenbarung in Nazaret geht.

Greifen wir in die Mitte dieses Textes. Auch wenn von mancher Bedrückung die Rede ist, auf die wir noch zu sprechen kommen, so möchte der alttestamentliche, unbekannte Prophet, aber auch Jesus dem Menschen Hoffnung ansagen. Er soll nicht in seiner Bedrängnis bleiben. Diese Botschaft wird nun für beide mit einem zentralen Wort umschrieben und zusammengefasst. Wir kennen alle das Wort. Es ist das *Evangelium,* das wir übersetzen mit »gute Nachricht, Frohbotschaft«. Wir sind dieses Wort eigentlich fast nur vom Neuen Testament und von unserer liturgischen Feier, in der das Evangelium verkündet wird, gewohnt. Es kommt an 76 Stellen im Neuen Testament vor. Hier sehen wir jedoch, dass es auch ein wichtiges Stichwort des Alten Bundes ist. Oft steht das Wort, weil es sich selbst versteht, ohne jede Hinzufügung da: Frohbotschaft. Manchmal wird im Neuen Testament aber ergänzt und gesagt: Frohbotschaft Gottes, Frohbotschaft Jesu Christi oder Frohbotschaft vom Reich Gottes. An wichtigen Stellen der Schriften des heiligen Paulus sehen wir, dass es auch schon in der Überlieferung, die er empfangen hat, vorkommt (vgl. 1 Thess 1 ff.; 1 Kor 15,1 ff.; Röm 1,1 ff.). In dem späteren Gebrauch des Wortes gibt es eine immer stärkere Zuspitzung auf Jesus Christus, besonders in Verbindung mit seinem Tod und seiner Auferstehung. Darum kann man manchmal das Wort vom »Evangelium« regelrecht mit »Christusbotschaft« übersetzen. Es ist das Evangelium in den Evangelien.

Nun kommt es vor allem auf die inhaltlichen Aussagen an. Der Freudenbote (Jes 61,11) bringt eine gute Botschaft, eine gute Nachricht (vgl. auch schon Jes 52,7). Entscheidend ist, dass darin die Herrschaft Gottes ausgerufen wird (vgl. Mk 1,14 f. und Lk 4,18 f.). Es geht dabei vor allem um Heilung und Befreiung. Bei Jesaja und bei Lukas ist betont von den »Armen« die Rede, denen die Frohbotschaft überbracht wird. Dabei geht es gewiss um die Armen im Sinne der Besitzlosen. Gerade Lukas hat ein ausgesprochenes Interesse an ihnen (zum Beispiel 1,46–55; 6,20; 16,19 ff.). Mit dem Wort »die Armen« wird aber auch mehr und mehr eine Haltung beschrieben: Der Mensch baut nicht hochmütig auf seine Reichtümer, sondern erwartet allein von Gott Hilfe und Rettung (vgl. Ps 37; 40; 140). So bezeichnet sich die Jerusalemer Urgemeinde selbst als die »Armen« (Gal 2,10).

Zu diesen Menschen ist der Freudenbote geschickt. Sie sollen nicht enttäuscht werden. Darum werden nun auch bei Jesaja vor allem zwei Dimensionen der Bedrängnis besonders genannt, nämlich diejenigen, deren Herz zerbrochen ist, die also verletzt sind im Herzen, keine Hoffnung mehr haben und tief enttäuscht sind. Die Wunden wollen nicht heilen.

Auf der anderen Seite sind es ganz besonders die Gefangenen und alle Gefesselten. Gerade Lukas hat an der ganz konkreten leiblichen Befreiung ein hohes Interesse. Man darf dabei nicht nur an Kriminelle im heutigen Sinn denken; vielmehr sind auch Menschen mitgemeint, die eine Schuldenlast, wie immer sie zustande gekommen ist, nicht mehr tragen können. Auch manche andere sind, wie wir in der ganzen Geschichte der Menschen und darum auch in der Bibel sehen können, durch Rechtsbeugung in den Kerker gekommen, aus Rache, Willkür oder durch Herrschaftsgelüste. Freiheit ist das, was diese Menschen ersehnen. Gewiss darf man heute auch dahinter Befreiung aus Krankheit, aus Armut, aus allen Mächten des Bösen sehen. Wenn von der Ausrufung eines »Gnadenjahres« die Rede ist, dann ist hier zunächst an das sogenannte »Jobeljahr« – Luther sagt gerne auch »Erlassjahr« – gedacht: In jedem 50. Jahr sollen die ursprünglichen Besitz- und Rechtsverhältnisse wiederhergestellt werden. Der Freudenbote möchte aber grundsätzlich für alle Jahre eine Zeit der Vergebung und Erneuerung ausrufen.

Dies ist auch heute noch die Sehnsucht vieler Menschen in allen Kontinenten. Armut hat freilich bei uns manchmal ein anderes Gesicht. Viel Armut findet sich vor unserer Haustüre. Erst recht gibt es viel unsichtbare Not und Armut in den Herzen der Menschen, denen durch Rücksichtslosigkeit, Verachtung und Hass viele Schmerzen zugefügt werden.

Hier setzt der Freudenbote an. Dies ist Jesu Sendung. Dafür hat er durch die Mitteilung des Geistes, der nun auf ihm ruht und bei ihm bleibt, eine der Aufgabe entsprechende Zurüstung empfangen. Dies erinnert an die Taufe Jesu und an unsere Taufe. Diese Frohbotschaft ist nicht einfach ein leeres Versprechen. Das Evangelium kommt mit dem Auftreten Jesu in unsere Welt. Darum kann Jesus den erwartungsvollen Menschen, die ihre Augen auf ihn richten, sagen: »Heute hat sich das Schriftwort, das ihr eben gehört habt, erfüllt« (Lk 4,21). Jetzt beginnt die Heilszeit. Jetzt geht in Erfüllung, was die Propheten verheißen haben. Heute beginnt die Geschichte der Befreiung. Über diese Botschaft sind alle erfreut.

Früher war die moderne Bibelauslegung skeptisch, ob man diesen Anfang wirklich auch dem irdischen Jesus am tatsächlichen Beginn seiner Verkündigung zusprechen kann. Manche meinten, es sei eine gute nachträgliche Interpretation. Heute aber mehrt sich die Zahl der Ausleger, die durchaus der Meinung sind, Jesus habe wirklich mit diesem Hinweis auf den Propheten sein eigenes Werk begonnen (vgl. auch Mt 11,4–6).

Das »Heute«, das beim Evangelisten Lukas eine besondere Rolle spielt, übrigens ähnlich wie bei Paulus das »Jetzt«, gilt nicht nur aus der Perspektive von damals, sondern wirklich für unsere Gegenwart. Es passt gut in die Adventszeit, wo wir vielleicht etwas offener dafür sind, worauf es ankommt. Wir wissen aber auch, dass wir im Advent auf eine endgültige Befreiung warten. Und es passt erst recht gut auf den dritten Adventssonntag, der seit alter Zeit besonders ausgezeichnet wird durch die Betonung der Freude, mindestens der Vorfreude, auf dem Weg zur Erfüllung der Verheißung. Lukas beansprucht, dass in unserer verhängnisvollen Geschichte und in unserer unheilen Welt das Heil Gottes anwesend ist. Unsere Welt enthält nicht nur Unheil. Wir müssen freilich das Heil gegen alle Resignation immer wieder neu entdecken. Jesus hat wirklich einen neuen Anfang gesetzt. Er kommt.

Licht und neuer Mut – meine wichtigste Adventserfahrung

Erinnerungen an den Advent habe ich vor allem aus dem Leben in den Dörfern der Schwäbischen Alb während des Zweiten Weltkrieges und kurz danach. Wir waren gewiss nicht so bedrängt in unserer ländlichen Gegend wie die Menschen in den Ballungsgebieten und Städten. Aber man hat auch als Kind und Jugendlicher viele Sorgen und Ängste mit sich herumgetragen: Kommt endlich wieder einmal ein Lebenszeichen vom Vater? Kommen alle anderen wieder nach Hause? Immer wieder musste ich auch an die Nächte im Bunker denken, als wir aus dem Schlaf gerissen und in die Enge eines vollen Kellers gebracht wurden.

Da brachten die Gänge zum Gottesdienst am frühen Morgen in der Adventszeit – man nennt sie bis heute Rorate-Gottesdienste – eine ganz andere Stimmung. Es machte nichts aus, sehr früh aufzustehen. Wir stapften dann oft durch tiefen Neuschnee über die verschneiten Wiesen und Waldwege in die Kirche. Die Wege waren kaum mehr zu erkennen, man musste sie tasten. Was half dabei? Ein Stock und eine Stall-Laterne mit Öl. Licht! Das war entscheidend. Wir sahen weiter. Wir fühlten uns sicher. Wir waren ja auch nicht allein. Von Ferne läuteten die Glocken. Es war eine kalte und dunkle Herausforderung, aber wir freuten uns auf diesen Weg durch die Nacht mit unserem Licht.

Zwei Dinge haben mich eigentlich damals schon beschäftigt und auch später nicht losgelassen, als ich Theologie studierte. Auf der einen Seite war unsere Hoffnung, der Krieg möge bald zu Ende gehen. Wir hatten wirklich Sehnsucht nach Frieden. Advent war so richtig die Zeit, um in die unbekannte Zukunft zu schauen und auch ein wenig zu träumen, wie es anders sein könnte. Aber so wie es durch Nacht und manchmal Nebel, Kälte und Schnee ging, waren wir doch zuversichtlich im Blick auf das Kommende. Wir spürten, dass zum Menschen dieses Vertrauen in die Zukunft gehört.

Aber wir hatten dennoch in unseren Herzen auch viele Ängste. Was wird nach dem nächsten Bombenangriff sein? Ich konnte auch nicht vergessen, wie schwer die Schritte des Postboten waren, als er meiner Großmutter die Nachricht vom Tod ihres ältesten Sohnes, der den Hof erben sollte, überbrachte. Die ganze Zeit vorher fragten wir immer wieder: Wird er noch einmal kommen?

So war uns bei allem Mut zur Zukunft, in die wir trotz des Krieges hineinlebten, auch überdeutlich, dass nicht wir allein die bessere Welt bauen. Da brauchte es nicht nur den guten Willen der Menschen, miteinander in Frieden und Sicherheit zu leben. Da gab es noch einen über uns, der wohl allein die Zukunft des Menschen in Händen hatte. Deswegen gingen wir ja auch in die Kirche, um uns von Gott her neuen Mut zu holen. Dort kamen die vielen Lichter zusammen und erhellten die Nacht. Nach einem kargen Frühstück ging es in den Alltag, in die Schule. Irgendwann einmal wird wieder die Sirene heulen und uns in den Luftschutzkeller treiben. Hoffentlich geht alles gut.

Diese doppelte Stimmung der Hoffnung habe ich auch später nicht vergessen. Advent ist offenbar eine gute Zeit der Einübung in das Menschsein. Da ist auf der einen Seite die Hoffnung mit unseren Erwartungen und Plänen, aber auch den Ängsten, ob aus den Träumen etwas wird. Da steht stärker die Hoffnung als unsere Leistung und unser Können im Vordergrund. Dies wird immer zum Menschen gehören, solange er lebt, aber wir wissen auch, dass wir die wahre und bleibende Zukunft nicht von uns aus schaffen können. Die wahre Zukunft unseres Lebens kommt auf uns zu. Gott ist die Zukunft unseres Lebens. Im Advent erleben wir in besonderer Weise beides, die Zukunft, die wir entwerfen, die aber immer wieder auch scheitert, und die verlässliche

Zukunft, die uns Gott schenkt, in dieser Zeit gewiss vorläufig und bruchstückhaft, am besten vielleicht zu spüren in Frieden, Freiheit und Freude.

Weihnachten

»Wer's glaubt, wird selig«

Weihnachten erscheint vielen als ein kaputtes Fest. Seit Anfang November wird es eng mit blankem Geschäft vermischt. Viele halten es für ein verlogenes Fest, weil so viel von Liebe gefaselt wird, der Alltag aber dann wieder ganz anders aussieht.

»Wer's glaubt, wird selig«, so kann man diese meist spöttische Redensart über Weihnachten zusammenfassen. Man glaubt, dass die Märchen von der Geburt Jesu aus der Jungfrau Maria bis zum Gloria der Engel auf den Feldern Betlehems zwar hübsch, aber nicht ganz echt sind. Weihnachten ist ein schöner Schein, besonders für Kinder, aber nichts für die rauhe Wirklichkeit unserer Tage.

Und doch ist in diesem zunächst unfasslichen Geheimnis von Weihnachten etwas verborgen, was die Menschen immer wieder anzieht. Auch die Hartgesottenen lassen sich von den Liedern ihrer Kindheit anrühren. »Ungläubig hörten wir's – doch gern«, sagt der Dichter Peter Huchel. Was ist es denn, was uns in der Tiefe anpackt?

Es ist eine Revolution im Verständnis Gottes. Gott

ist zwar unseren Interessen und Eifersüchteleien überlegen und in diesem Sinne jenseits unseres täglichen Streits, er braucht uns nicht. Aber er thront auch nicht selig in sich selbst hinter den Sternen. Es ist ein Gott, der sich schon von der Schöpfung an auf die Welt und die Menschen hin öffnet. Wie das Volk Israel zeigt, geht er mit durch die Tiefen und Höhen der Geschichte. Er ist ein Immanuel – also ein Gott mit uns. Immer wieder führt er die Menschen durch sein wegweisendes Wort, seine Weisungen für ein gutes Leben, die Propheten als die Lehrer im Glauben.

Wer in der Bibel gut bewandert ist, kann dieses wachsende Herabsteigen Gottes zu uns Menschen und in unsere Welt wahrnehmen. Er bewegt sich immer mehr auf die Geschichte zu. Vor diesem Hintergrund geschieht das Wunder der Weihnacht: »Und das Wort ist Fleisch geworden.« Gott selbst kommt durch seinen Sohn in das menschliche Leben. Er streift aber unsere Welt nicht wie ein leuchtender Komet, der wieder im All verschwindet, sondern er wird wirklich Mensch, einer von uns. Es ist kein Spiel und er ist keine Marionette, die sich für eine kleine Weile die Uniform eines Menschen anzieht.

Noch nicht genug. Jesus bekommt wirklich die volle Realität unserer Welt zu spüren. Es beginnt bereits am Anfang bei seiner Geburt, als in der Herberge kein Platz mehr war. Hinter der Krippe wird schon das Kreuz sichtbar. Er, der Gerechte schlechthin, bekommt das ganze Unrecht der Welt zu spüren: skrupellose Machtgelüste, Feindschaft aus Neid, Lust am Leiden anderer, Verrat der Freunde. In allem ging er uns voraus. Sage keiner, dies alles sei ein nettes, aber irreales Märchen. In der Geschichte Jesu geht es handfest zu, wie in unserem Leben. Aber es ist doch ein Unterschied: Gott kommt durch seinen Sohn in unsere Welt, um uns von unserer Fühllosigkeit gegenüber Leid und unserer Selbstverliebtheit, ja von der Sünde, zu befreien und uns aus den Fesseln des Bösen zu erlösen. Der Preis ist hoch. Es ist der Preis der Liebe, die sich für uns hingibt und damit auch zeigt, wodurch die Welt wirklich verändert werden kann.

Jetzt sieht das etwas herablassende und spöttische Sprichwort »Wer's glaubt, wird selig«, das wir nicht selten über Weihnachten und auch Ostern hören, anders aus. Wer's glaubt, der fällt auch in den schwierigsten Erfahrungen des eigenen Lebens, vor allem auch des Leidens und Sterbens, nicht in ein bodenloses Loch. In allem gibt es wieder Versöhnung, einen Neuanfang und unverbrauchtes Leben. Dies ist schon ein Stück Seligkeit in dieser Zeit.

»Und das Wort ist Fleisch geworden«

Weihnachten verbinden wir gerne mit den vertrauten und liebenswerten Geschichten der Geburt Jesu im Stall zu Betlehem, mit den Hirten und Schafen, nicht zuletzt dem Gesang der Engel, der den Menschen von der Herrlichkeit Gottes her Frieden verkündet. Gegenüber diesen stimmungsvollen Bildern erscheinen die Texte der Messe am Tag – es sind ja ursprünglich drei Eucharistiefeiern für die Nacht, den Morgen und den Tag vorgesehen – zwar hoheitsvoll und erhaben, aber zugleich doch immer etwas fremd und kühl.

Doch man findet auch schnell vieles, was den ersten drei Evangelien auf der einen Seite und dem vierten Evangelium auf der anderen Seite gemeinsam ist. Da ist die Rede vom Licht, das die Menschen in der Finsternis erhellt. In der Mitte steht das Wort von der Herrlichkeit Gottes, die nun sichtbar auf Erden erschienen ist. Wenn in den ersten Evangelien davon die Rede ist, dass in der Herberge kein Platz mehr war und Jesus im Stall geboren wurde, so lässt auch das Johannesevangelium diesen Zug nicht einfach aus, wenn es zum Beispiel sagt: »Und das Licht leuchtet in der Finsternis, und die Finsternis hat es nicht erfasst ... Er kam in sein Eigentum, aber die Seinen nahmen ihn nicht auf« (1,5.11). Das Evangelium vom helllichten Tag sagt im Kern also nichts anderes als die Botschaft der Heiligen Nacht. Das *eine* Evangelium in den vier Evangelien sagt uns, dass in dem Kind in der Krippe der allmächtige Gott zu uns in unsere irdische Welt und Geschichte gekommen ist.

Noch etwas ist, freilich auf sehr verschiedene Weise, den Evangelien, wenigstens teilweise, gemeinsam: Sie begnügen sich nicht mit der Erzählung von der irdischen Geburt und vom ersten Auftreten Jesu. Am ehesten ist dies noch bei Markus so, der Jesus durch Johannes den Täufer ankündigen lässt. Aber Matthäus und Lukas suchen *vor* der Geburt, *woher* er kommt. Dabei zeigt sich sein geheimnisvoller Ursprung. Johannes geht in seinem Evangelium noch weiter zurück und sieht den Ursprung des Sohnes ganz in Gott. So ist Jesus auch ganz derjenige, der offenbart, wer und was Gott ist: »Niemand hat Gott je gesehen. Der Einzige, der Gott ist und am Herzen des Vaters ruht, er hat Kunde gebracht« (1,1.18).

Der sogenannte Prolog des Johannesevangeliums beginnt mit einem mächtigen Auftakt: »Im Anfang war das Wort, und das Wort war bei Gott, und das Wort war Gott. Im Anfang war es bei Gott« (1,1 f.).

»Wort« – hinter diesem einfachen und doch tiefen Ausdruck kann man die Weisheit des Alten Orients, des Alten Testaments und des griechischen Denkens in einem finden. Der Logos ist zugleich die Ordnung der Wirklichkeit, die Transparenz der Dinge auf ihren Ursprung hin, die Sprache als eng verbunden mit der Struktur und Ordnung der Welt; zugleich ist der Logos aber auch so etwas wie das, was wir heute mit »Sinn« bezeichnen. Der Logos ist auch gleichsam die versammelte Weisheit der ganzen Welt. Zugleich ist er ganz nahe bei Gott, ja sein Platzhalter, aber er ist dennoch verschieden von ihm.

»Im Anfang« zu Beginn des Johannesevangeliums erinnert sofort an die ersten Worte der Bibel des Alten Testaments: »*Im Anfang* schuf Gott Himmel und Erde …« (Gen 1,1). Dies bedeutet, dass am Anfang Gottes Initiative durch sein Wort stand. Es ist am Anfang nicht das Chaos, das herrscht, auch nicht die Tat allein, die alles hervorbringt. Am Anfang ist es das von Gott kommende Wort, das die Dinge lichtvoll und tatkräftig hervorbringt. Alles, was ist, verdankt sich ihm. Gottes Wort ist wirkmächtig wie sonst nichts: »Gott sprach: Es werde Licht. Und es wurde Licht« (Gen 1,3). Wenn Gott spricht, entstehen die Dinge. Er spricht nicht *über* sie, wie wir es tun. »Alles ist durch das Wort geworden, und ohne das Wort wurde nichts, was geworden ist« (Joh 1,3).

Aber nun kommt es zu einem ganz unerwarteten Höhepunkt in diesem Vorspruch des Johannesevangeliums, wenn es heißt: »Und das Wort ist Fleisch geworden und hat unter uns gewohnt« (1,14). Denn bisher schien es doch so, als ob das Wort ganz auf der Seite Gottes und damit jenseits der menschlichen Welt ist. Ist Gott nicht gerade dadurch Gott, dass er über uns erhaben ist, nichts zu tun hat mit Kampf und Streit, Leid und Tod? Dies ist nun das absolut Neue, ja zugleich auch das größte Paradox: Das Wort ist Fleisch geworden. Es ist ein wirkliches Werden. Gott spielt nicht mit uns. Er schlüpft nicht einfach kurzzeitig in ein menschliches Gewand. Er wird wirklich einer von uns. »Fleisch« heißt hier auch nicht einfach Leib, sondern meint einen ganzen Menschen, eine konkrete menschliche Natur. Dazu gehört, dass dieser Mensch in seiner konkreten Gestalt zugleich hinfällig, vergänglich und ohnmächtig ist. Damit wird das Verständnis von Gott regelrecht revolutioniert. Die Theologie braucht bei aller einfachen Wahrheit der ersten Worte und Bekenntnisse Jahrhunderte, um dieses Geheimnis des Gott-Menschen angemessen zur Sprache zu bringen: ganz Mensch, ganz Gott, und doch wirklich *einer,* ohne ein fabelähnliches Mischwesen zu sein.

Wenn Gottes Wort so zu uns kommt, ist es gewiss ein riesiger Rollentausch, ja ein wirklicher

Gegensatz. Darum sprachen die Christen von Anfang an auch von einem regelrechten »Tausch«: Gott wird Mensch, und der Mensch nimmt teil am Leben Gottes. Ja noch mehr, er erniedrigt sich. Er hat das Leben in sich (vgl. Joh 5,26) und begibt sich doch unbegreiflicherweise auf den Weg des Todes (vgl. 13,1; 19,30 f.). Aber man darf nicht nur auf diesen Abstieg und diese Entäußerung (vgl. auch Phil 2,6 ff.) Gottes durch die Menschwerdung des Wortes sehen, sondern auch auf die Erhöhung, ja die Rettung des Menschen: Er ist nicht einfach dem Tod und der Vergänglichkeit ausgeliefert und verfallen. Er ist zum Leben mit Gott berufen. Und dies vollzieht sich nicht im luftleeren Raum. Das Wort Gottes ist wirklich da, eine greifbare Person, unter uns, er teilt unser Leben, den Raum und die Zeit.

Dies ist eine Offenbarung auch in dem Sinne, dass nun die Größe des Menschen an den Tag kommt: Er ist, wie die Alten sagten, »capax Dei«, das heißt er ist fähig, in seinem armen, aber doch auf Unendlichkeit angelegten Wesen Gott aufzunehmen. So groß ist der Mensch. Dies zeigt auch unauslöschlich die Würde, die im Menschen liegt. Gott wird Mensch, und nur so kann er unter uns wohnen (vgl. Joh 1,14). Darum darf er in seiner Freiheit auch nicht anderem oder anderen untergeordnet, für irgendetwas verzweckt, instrumentalisiert werden. Alle Rede über die Würde des Menschen kommt – auch in unserer Verfassung – letztlich von dieser ganz unerwarteten Auszeichnung des Menschen her. Immer mehr müssen wir seine verborgene Größe entdecken.

Dies hat aber gewaltige Konsequenzen. Dann müssen wir in jedem Menschen, nicht nur in einigen Herrschern und Genies, die Größe des Menschen entdecken und vor allem bewahren. Dann ist jede Form der Menschenverachtung und der Rücksichtslosigkeit, mit der ein Mitmensch zur Seite gestoßen oder aus dem Weg geräumt wird, ein tiefer Angriff auf diese Würde. Nicht wir geben sie ihm, dem Menschen, sondern er hat sie von Anfang an. Dies gilt gerade für den Armen. Weihnachten begründet erst so recht im Einklang mit der ganzen Bibel im Letzten die Würde des Menschen, gerade auch wenn er leidet, krank ist, behindert ist. Seit Weihnachten wissen wir besser, dass dies so ist. Und nur wegen dieser gemeinsamen Menschenwürde kann Jesus beim Weltgericht auch sagen: »Was ihr für einen meiner geringsten Brüder getan habt, das habt ihr *mir* getan« (Mt 25,40).

Jetzt verstehen wir auch, warum es unter den Weihnachtsgeschichten verschiedene Formen gibt, hier die uns vertrauten Erzählungen vom Stall und von der Krippe, dort die Entfaltung der weihnachtlichen Botschaft in die Menschheit und die ganze

Weltgeschichte hinein: Gott ist wirklich zu uns gekommen. Er hat die Würde des eigenen Wesens, die wir oft mit Füßen treten, mahnend aufgerichtet. Sie gilt für alle Menschen. Darum weitet sich unser Blick an Weihnachten zu den Armen und Ärmsten der Welt, nicht zuletzt zu den Kindern, von denen viele unter Gewalt und Hunger leiden.

Wir müssen uns immer wieder dafür aufrütteln lassen, worum es geht. Gott selbst ist in seiner ganzen Unendlichkeit in unsere Welt gekommen. Er überfliegt sie nicht. Er teilt unser Menschsein, bis in das Erleiden von Gewalt, bis in den Tod. Darum können wir immer wieder die Würde des Menschen in allen Gebrochenheiten, ja Verletzungen der menschlichen Existenz entdecken. Sie nimmt uns in Pflicht. So anschaulich ist das Leben Gottes unter uns: »Was von Anfang an war, was wir gehört haben, was wir mit unseren Augen gesehen, was wir geschaut und was unsere Hände angefasst haben, das verkünden wir: das Wort des Lebens. Denn das Leben wurde offenbart; wir haben gesehen, bezeugen und verkünden euch das ewige Leben, das beim Vater war und uns offenbart wurde. Was wir gesehen und gehört haben, das verkünden wir auch euch, damit auch ihr Gemeinschaft mit uns habt« (1 Joh 1,1–3).

Weihnachten macht uns deutlich, dass dies kein Märchen ist oder eine wirklichkeitsfremde Vision darstellt, sondern dass das Wort Gottes unter uns ein konkreter Mensch geworden ist. Darum ist unsere Freude vollkommen (vgl. 1 Joh 1,4); durch sie muss darum auch unsere Liebe zu Gott und zum Nächsten wachsen.

Gott kommt umsonst

In den Tagen der Vorbereitung und der Feier von Weihnachten ist immer wieder die Rede vom »unfassbaren Geheimnis der Menschwerdung Gottes«. Dies ist kein einfaches Wort. Worin ist denn diese Unfassbarkeit begründet? Ist das Fest selbst unfasslich geworden? Entgleitet es unserem Verstehen oder ist das Geheimnis stumpf geworden? Haben wir es vielleicht als durchaus verständlich und plausibel ausgeschöpft? Um die Unfassbarkeit wirklich zu ergründen, brauchen wir jedenfalls die Ruhe der Besinnung und des Nachdenkens. Dies wollen wir wenigstens in einer Hinsicht versuchen, um dieser Unfassbarkeit auf die Spur zu kommen.

Unser Denken und Handeln ist im Lauf der letzten Jahrhunderte und erst recht der jüngsten Zeit immer stärker von der Frage beherrscht, wozu etwas dient. Dies ist eine in vieler Hinsicht unumgängliche Frage, denn wir wollen ja nicht ins Leere schaffen. Aber nützt uns nur das, was wir sehen und greifen können, was wir – wie wir wenigstens meinen – brauchen? Wir fragen oft gar nicht mehr, was eine

Sache für sich selbst ist, sondern meist nur, was wir mit ihr anfangen können. Lapidar sind oft unsere Aussagen: »Nützt mir nicht!«, »Hilft mir nicht!«, »Kann ich nichts damit anfangen!« Man kann sich an ein solches Denken mit seinen Einstellungen regelrecht gewöhnen. In den verschiedenen Bereichen unseres Lebens hat diese Mentalität unterschiedliche Gesichter. Es kann dazu führen, dass man die Dinge und auch die menschlichen Beziehungen nur nach dem blanken Nutzen einschätzt: Was bringt mir der Erwerb einer Sache? Um wie viel kann ich sie losbringen?

Für eine solche Denkweise ist Weihnachten zunächst tatsächlich unfasslich. Man kann dieses Fest nicht einfach auf ein Bedürfnis zurückführen, das wir haben. An Weihnachten gibt es offenbar andere Formen des Verstehens, die wir brauchen. Wir müssen uns diesem Geheimnis ganz anders annähern als mit einem bloß funktionalen Denken.

Gott kommt in unsere Welt. Dies müssen wir uns zunächst einmal als Botschaft sagen lassen. Vom Menschen her ist es eigentlich so gut wie nicht denkbar, dass der göttliche Gott ein sterblicher Mensch wird. Es ist allein der freie Entschluss Gottes, sich uns zuzuwenden. Dieser Herabstieg Gottes in unsere Welt ist allein Gottes abgründiger Entschluss. Der biblische Gott öffnet sich von Anfang an zu uns hin: in der Schöpfung, in seinem Wort, durch die Propheten. Und er tut dies trotz unserer Undankbarkeit. Schließlich wird er noch einmal unbegreiflicherweise sogar ein *Mensch*, und dies trotz unserer mangelnden Bereitschaft ihm gegenüber und der Menschenschicksale. »Viele Male und auf vielerlei Weise hat Gott einst zu den Vätern gesprochen durch die Propheten; in dieser Endzeit aber hat er zu uns gesprochen durch den Sohn, den er zum Erben des Alls eingesetzt und durch den er auch die Welt erschaffen hat« (Hebr 1,1 f.).

Gott kommt umsonst. Er will nichts von uns. Er braucht uns aber auch nicht. Er kommt aus freien Stücken. Er kommt wirklich selbstlos. Wir vermuten und suchen überall in dem, was geschieht, »Interessen«. Ja, es gibt im Sinne Gottes und seiner Schöpfung Dinge und Ereignisse, die uns pur geschenkt werden. Die Menschwerdung Gottes gehört dazu. Wir meinen oft, das Wichtigste wäre, wenn wir uns alles besorgen und schaffen könnten. Wir sind auf niemand angewiesen. Wir nehmen uns die Dinge, die wir brauchen. In der Offenbarung und erst recht in der Menschwerdung Gottes erhalten wir eine Gabe, die wir nicht bestellen können. Wir erfahren durchaus Ähnliches in unserem Leben, wenn wir etwas nachdenklicher werden: Wir freuen uns bei aller Geburtenplanung auch heute noch über ein

Kind, das auf die Welt kommt. Wir freuen uns, wenn Menschen einander begegnen und sich gut verstehen, besonders in Freundschaft und Liebe. Ohne solche menschlichen Erfahrungen können wir vielleicht auch die Ankunft Jesu nicht so recht verstehen.

Gott kommt umsonst. Er bringt zunächst einmal nichts mit. Wir fragen ja gerne, was eine Sache uns nützt und bringt. Gott bringt zunächst einmal nur sich selbst. Er ist nicht der reiche Kaufmann, der viel verteilen könnte. Er bringt auch nicht Geld und Macht. Er bringt nur sich selbst. Er bringt sich auch mit seiner ganzen Ohnmacht: Er wird unterwegs geboren, liegt in einer Krippe, wird bald verfolgt von einem misstrauischen Machthaber. Er ist auf der Flucht, wird von vielen nicht verstanden und endet am Galgen. Krippe und Kreuz stehen nahe beieinander. Ja, es hat den Anschein, dass er nicht nur »umsonst« kommt, sondern auch umsonst leidet und stirbt. Er geht unter. Vergeblichkeit gehört offenbar zu seinem Leben. Dennoch bleibt er nicht im Tod und wird am Ende durch die Macht der Liebe sogar ein Sieger sein. Auch dies ist wichtig für uns. Er bringt zunächst einmal nichts mit, aber sich selbst ganz und gar, vorbehaltlos. Er ist ganz und gar Hingabe, und zwar im Blick auf den Vater, dessen Willen er tut und auf die Menschen, die er befreien und heilen will.

Für unsere Beziehungen liegt darin auch ein wichtiger Fingerzeig: Es kommt zuerst drauf an, dass wir uns in unseren Beziehungen nicht heimlich zurückhalten, abwarten und aussparen, sondern dass wir uns wirklich ganz dem anderen übereignen. Oft befriedigen wir uns gegenseitig, indem wir *etwas* geben von dem, was wir haben, aber uns selbst dabei ausklammern. Es geht dann um das »Haben«, nicht um das »Sein«. Sogar unsere Geschenke, die Zeichen und Ausdruck unserer Liebe sein sollen, können Fallen werden, hinter denen wir uns letztlich verstecken und andere eher damit binden. Selbstlose Hingabe ist das, was die Kraft der menschlichen Person ausmacht. Hier wurzelt alle Menschlichkeit. Mit Recht sagt darum der Brief an Titus, dass in Jesus die Menschenfreundlichkeit Gottes unter uns erschienen ist (vgl. 2,11; 3,4 f.), die Humanität Jesu Christi. Und diese – wie Jesu Leben uns zeigt – kann auch bleiben, wenn wir dem Anschein nach scheitern, auf Unverstand und Widerstand stoßen und am Ende in den Augen der Welt verlieren. Dies ist nicht nur eine Revolution im Gottesverständnis, sondern auch im Verständnis des Menschen, der Menschenwürde und der Menschlichkeit überhaupt.

Gott kommt umsonst. Dies zeigt sich auch nochmals darin, dass er als Kind zu uns kommt. Hier drückt sich besonders tief aus, wie wahr es ist, wenn wir bekennen: »Und das Wort ist Fleisch geworden und hat unter uns gewohnt« (Joh 1,14). Er kommt nicht mit äußerer Macht und Herrlichkeit, sondern in der armen Gestalt eines Kindes, das nichts als sich selbst in die Welt bringt, ja schlechthin ein Symbol der Hilflosigkeit von uns Menschen und des Angewiesenseins auf uns darstellt. Aber offenbar gibt es im Bereich des Menschlichen nicht nur den Sieg der Macht und der Gewalt, sondern gerade im Kind viele Zeichen gelingenden Lebens, wenn wir es nur sehen wollen: die Freude am Leben, das selige Lächeln, die Dankbarkeit.

Es ist etwas Unglaubliches, dass Gott Mensch wird. Es gibt dafür einen eindrucksvollen Beleg bei einem Denker unserer Gegenwart, der von sich überzeugt war, dass er ungläubig ist. Jean-Paul Sartre hat in deutscher Kriegsgefangenschaft am 24. Dezember 1940 bei Trier ein Weihnachtsspiel aufführen lassen. Er wollte offenbar seine Mitgefangenen mindestens unterhalten. Er sagt, er habe eine Geschichte geschrieben, die »die breiteste Gemeinschaft von Christen und Nichtchristen« zum Ausdruck bringen soll. Das Stück trägt den Titel »Bariona«[1] und schildert, wohl auch als eine Parallele zu den Leiden der Men-

---

[1] Jean-Paul Sartre, Bariona oder der Donnersohn, übersetzt von Gotthold Hasenhüttl, in: Gotthold Hasenhüttl, Gott ohne Gott. Ein Dialog mit J.-P. Sartre, Graz 1972, 263–336.

schen von damals, die Ausweglosigkeit gerade der jüdischen Bevölkerung. Es werden keine Kinder mehr geboren, denn die Zukunft ist nichts anderes mehr als der sichere Tod. In dieser Situation kommt das Gerücht auf, in Betlehem sei ein ganz ungewöhnliches Kind geboren. Manche glauben, er sei der erwartete Messias. Bariona, der für Sartre steht, schüttelt den Kopf und kann es nicht glauben. Aber tief in seinem Inneren lebt ein Traum. So sagt er: »Wenn ein Gott für mich Mensch würde, für mich, liebte ich ihn, ihn ganz allein. Es wären Bande des Blutes zwischen ihm und mir, und für das Danken reichten alle Wege meines Lebens nicht.«

Auch jedes unserer Weihnachten sagt uns in der Kontinuität unseres Glaubens, dass dies nicht nur ein Traum ist: »Und das Wort *ist* Fleisch *geworden.*« Der Hebräerbrief formuliert es auf andere Weise: »Er *ist* der Abglanz seiner Herrlichkeit und das Abbild seines Wesens« (1,3). Er *ist* wirklich »das Bild des unsichtbaren Gottes«. Ganz Gott und ganz Mensch! Wir sind fest überzeugt, dass der Traum beglückende und seligmachende Wirklichkeit geworden ist. Dann wissen wir auch, was dies alles für unser Leben bedeutet: *Gott kommt umsonst.* Dann wollen auch wir in dieses Kommen Gottes hineingehen und uns von ihm verwandeln lassen: für mehr Frieden in unserer Welt, für das Ende von Gewalt, für das Staunen vor dem Wunder des Lebens, für die Freude der Liebe unter den Menschen, für unsere selbstlose Hilfe für die Armen der Welt.

Sartre meint, wenn der Traum wahr wäre, »reichten für das Danken alle Wege meines Lebens nicht«. Auch die Wege *unseres* Lebens reichen nicht für diesen Dank. Darum feiern wir auch jedes Jahr dankbar und froh wieder Weihnachten – und so ist es auch in jedem Jahr zugleich einmalig.

Licht in der Finsternis

Weihnachten ist ein Fest des Jubels und der Freude. Wir werden durch die drei Gottesdienste, die die Kirche seit langer Zeit, genauer seit dem 5. Jahrhundert, vom Heiligen Abend bis zum Morgen des ersten Weihnachtstages feiert, auf einen Weg mitgenommen, der uns die Augen öffnet für die Hintergründigkeit der Weihnachtsgeschichte. Da ist am Heiligen Abend bzw. in der Heiligen Nacht die Erzählung von der Geburt Jesu, von den Hirten auf dem freien Feld und dem Engel des Herrn. Am Morgen steht die nähere Bedeutung dessen, was geschehen ist, im Vordergrund. Die Hirten und Maria beginnen zu verstehen, was sich ereignet hat. Am Tag aber kommt im dritten Gottesdienst die ganze Helle und Weite des erschienenen Lichtes zur Sprache. Wir verstehen endlich viel tiefer, was geschehen ist. Entsprechend sind auch die jeweiligen Texte ausgewählt. Man muss also immer wieder diesen ganzen Weg abschreiten und ihn im Herzen mitgehen, um Weihnachten wirklich zu verstehen. Vergessen wir nicht, was einer unserer großen Dichter sagte: »Wird Christus tausendmal zu Betlehem geboren und nicht in dir, du bleibst noch ewiglich verloren« (Angelus Silesius).

Das Evangelium des Gottesdienstes am Morgen ist der sogenannte Prolog des Johannesevangeliums, also ein Vorspruch mit einer Deutung des Ganzen und einem Hinblick auf das ganze Evangelium. Gott spricht sein ewiges Wesen aus in dem Wort (»Logos«), wie uns besonders in der Schöpfungserzählung offenbar wird (vgl. Gen 1,3 u. ö.). Das Licht in der Welt ist von Gottes Licht. Die Welt ist geschaffen worden durch dieses Wort. Und das Wort ist Fleisch geworden. Gott ist uns ganz nahegekommen. Und er wird nie mehr aufhören, uns zu sagen und mitzuteilen, dass er da ist und die Menschen liebt.

Wir dürfen dies aber nicht einfach in eine falsche Weihnachtsstimmung hinein verharmlosen. Weihnachten wäre missverstanden, wenn man es nur von einer kuscheligen Atmosphäre her auffasste. Weil wir dies aber oft tun, lassen wir in den weihnachtlichen Texten und in der Botschaft dieses Tages oft das, was zu diesen Stimmungen quer und in Spannung steht, eher beiseite. Wir wollen dabei selbstverständlich gerade den Frieden und die Freude von Weihnachten in ihrer ganzen Tiefe aufzeigen, nicht die gute Stimmung verderben.

Zu diesen etwas verkannten Worten gehören einige wichtige Verse im erwähnten Johannesprolog.

Da geht es freilich nicht mehr nur um das traute Kommen des armen Jesuskindes in unsere Welt, was ohne Zweifel in einer Welt voller Armut und Bedrängnis unaufgebbar wichtig bleibt. Es ist hier und jetzt von der ganzen Welt die Rede. Es ist der von Gott geschaffene Raum unseres Lebens, wobei Johannes meist an die Menschenwelt denkt (vgl. 1 Joh 2,15 ff.). Gott hat die Welt geschaffen und geliebt. Jesus, der aus dem Herzen des Vaters kommt (vgl. Joh 1,18) und darum sein einziger Sohn ist, ist der Herr der Welt. Deswegen sagt der Text, dass das »Wort« (Logos) Gott war. »Im Anfang war es bei Gott. Alles ist durch das Wort geworden, und ohne das Wort wurde nichts, was geworden ist. In ihm war das Leben, und das Leben war das Licht der Menschen« (1,2–4). So nahe sind die Schlüsselworte unseres menschlichen Daseins zusammen: Wort, Licht und Leben, Gott und das Wort, der Vater und der Sohn. Dies ist mit ein Grund zur Freude von Weihnachten, dass der Herr der Welt, der Herr des Lichtes und des Lebens, das Wort zu uns kommt und immer leuchtet. Von nun an wird dieses Licht auch in den schwierigsten Stunden des Menschen nicht einfach untergehen und erlöschen.

Gerade an dieser Stelle kommt aber – und dies wird meist übergangen – ein schriller Ton in dieses wohlgeformte Gedicht, wahrscheinlich ist es sogar ein Lied. Es heißt: »Und das Licht leuchtet in der Finsternis, und die Finsternis hat es nicht erfasst ... Er war in der Welt, und die Welt ist durch ihn geworden, aber die Welt erkannte ihn nicht. Er kam in sein Eigentum, aber die Seinen nahmen ihn nicht auf« (1,5.9–11). Da tut sich etwas Unbegreifliches auf, geradezu ein dramatisches Geschehen. Es ist ganz und gar unverständlich, dass die Menschen die Finsternis mehr lieben als das Licht (vgl. Joh 3,19). Die Bibel gibt eine Erklärung für diesen seltsamen Sachverhalt: »Denn ihre Taten waren böse« (Joh 3,19) oder auch: »Denn seine (des Menschen) Werke waren böse« (1 Joh 3,12; vgl. Gal 5, Röm 7). Wir kennen dies aus unserem eigenen Leben: Wer etwas Schlechtes tut oder getan hat, scheut das Licht, das es an den Tag bringen könnte. Lieber verstricken wir uns in Lügen und betrügen uns selbst, als uns der Wahrheit zu stellen. Nur wer diese Scheu überwindet, wird frei, um im Licht des Lebens froh zu sein. Johannes begreift dabei diese Abkehr vom Licht nicht als ein einmaliges, fernes, zurückliegendes Ereignis, vielmehr wiederholt sich die Weigerung, in den Wirkungskreis des Lichtes einzutreten, ständig, und dies bis zum heutigen Tag (vgl. dazu ausführlicher Joh 3,19–21).

So verstehen wir auch, warum der Evangelist Johannes das Wort »Welt«, das ja ursprünglich gleichbedeutend ist mit der geschaffenen Welt Gottes, an vielen Stellen ziemlich negativ gebraucht. So heißt es zum Beispiel: »In der Welt habt ihr Drangsal«. Jesus sagt zu Pilatus: »Mein Reich ist nicht von dieser Welt« (18,36). Kurz und bündig heißt es im ersten Johannesbrief: »Die ganze Welt ist in der Gewalt des Bösen« (5,19). »Welt« im Sinne des Johannesevangeliums und der johanneischen Schriften hat also etwas Zwiespältiges, Zwielichtiges an sich, gleichsam ein doppeltes Gesicht. Sie ist als Gottes geliebte Schöpfung gut, aber zugleich ist sie schlecht als Herrschaftsbereich des Bösen. Dabei geht es nicht um Weltflucht. Wir sind in der Welt, dürfen aber nicht von der Welt sein. Johannes beschreibt sehr genau, was er mit diesem Doppelgesicht meint (vgl. 1 Joh 2,15–17). Es sind Worte, die uns vielleicht zunächst fremd erscheinen. Aber wir verstehen sie doch gerade heute wieder schnell. So ist mit dem »Begehren des Fleisches« (Gal 5,16) die menschliche Neigung gemeint, ungehemmt alles für sich in Besitz zu nehmen, jede Art von Gier: Gier nach Sex, Habgier und Machtgier, ebenso wie Eigensucht und alle Arten von Genusssucht. Dabei kommen diese Begierden und Wünsche nicht immer nur aus dem Inneren des Menschen, sondern diese werden auch von außen geweckt, wie man leicht an den Einflüsterungen in den Medien und in der Werbung sieht.

All dies benennt Johannes auch mit dem Wort Finsternis. Sie steht in natürlichem Gegensatz zum Licht (vgl. Gen 1,2 f.). Die Menschheitsgeschichte kennt das Widerspiel von Finsternis und Licht. Alle Religionen und Lebensanschauungen wissen darum. Licht hat für den Menschen etwas Beruhigendes, Beglückendes, ja Faszinierendes. Finsternis dagegen hat eine Nähe zum Unheimlichen, zu Orientierungslosigkeit, ist etwas Beängstigendes und gerät darum auch in die Nähe der Unwissenheit. Wir werden hinters Licht geführt und fürchten finstere Machenschaften. Licht und Leben gehören für die Bibel zusammen. Die Finsternis wird dabei auch leicht mit dem Tod gleichgesetzt. Die Bedeutung des Lichtes wird uns zum Beispiel in einem bekannten Wort von Psalm 36 aufgezeigt: »Denn bei dir ist die Quelle des Lebens, und in deinem Licht schauen wir das Licht« (36,10). »Dem Rechtschaffenen strahlt Licht auf in der Finsternis« (Ps 112,4). So wird die Welt oft verstanden als eine große Auseinandersetzung zwischen Licht und Finsternis. Es gibt diesen dramatischen Kampf auch im Leben des Menschen.

Warum betonen wir dies an Weihnachten? Weil wir auf der einen Seite nicht die Augen schließen wollen vor dem, was tatsächlich in unserer Welt geschieht. So haben wir in der sogenannten Finanz- und Wirtschaftskrise ein Wort wieder verstehen und buchstabieren gelernt, das ganz fremd geworden war, das Wort von der Gier. Der Christ ist kein Träumer und hängt nicht einfach blutlosen, fernen Idealen nach. Er schaut der Finsternis und dem Bösen in unserer Gegenwart offen ins Gesicht.

Darum kommt die Botschaft von Weihnachten erst jetzt und so ganz zur Sprache. Dies geschieht grundlegend bereits zu Beginn des Prologs, wenn es dort heißt: »Und das Licht leuchtet in der Finsternis.« Auch wenn es in unserem Leben dunkel wird, ja es eine regelrechte Verfinsterung aller Hoffnung gibt, in der Gesellschaft und im Leben des Einzelnen, so bleibt die Botschaft von Weihnachten, dass das Licht auch und gerade in der Finsternis aufleuchtet. Nicht zufällig sprechen wir von einem Funken Hoffnung.

An dieser Stelle werden wir an viele wichtige Aussagen der Heiligen Schrift erinnert: »Ich bin das Licht der Welt. Wer mir nachfolgt, wird nicht in der Finsternis umhergehen, sondern das Licht des Lebens haben« (Joh 8,12). »Solange ihr das Licht habt, glaubt an das Licht, damit ihr Söhne (und Töchter) des Lichtes werdet« (Joh 12,36). Jesus Christus ist das Licht der Welt (vgl. Joh 8,12; 9,5). Die ganze Welt wird in diesen Einflussbereich einbezogen. Dann wird man ein Sohn bzw. eine Tochter des Lichtes. Wir sollten schließlich alle durch unser Zeugnis und unseren Einsatz für die Botschaft des Evangeliums »das Licht der

Welt« sein (vgl. Mt 5,14). Weil die Finsternis so mächtig ist, sind wir nicht verloren. Wenn wir Zeugnis von seinem Licht geben, können wir »Kinder Gottes« werden (vgl. Joh 1,12–18). Die Welt soll durch die Sendung Jesu in die Welt gerettet werden (vgl. ausführlicher Joh 3,14 ff.).

Dennoch durchzieht ein schmerzlicher Ton das ganze Johannesevangelium. Es bleibt für Johannes ein Rätsel, wieso die Menschen nicht bereitwillig das Licht, die Wahrheit, das Leben aufgenommen haben. Es ist geradezu ein tragisches Motiv mitten in der Botschaft vom Licht: »Und das Licht leuchtet in der Finsternis, und die Finsternis hat es nicht erfasst« (1,5). In den schon zitierten Worten der späteren Verse 10–11 (die Welt erkannte ihn, die Seinen nahmen ihn nicht auf) wird dies gesteigert wiederholt. Ja, manchmal hat es den Anschein, als ob diese Erfahrung eine große Enttäuschung werden könnte, die am Ende irgendwie den Sieg davonträgt. So heißt es einmal bei Johannes fast resigniert: »Obwohl Jesus so viele Zeichen vor ihren Augen getan hatte, glaubten sie nicht an ihn« (12,37, vgl. auch Röm 10,16).

Aber Jesus zeigt uns, dass wir sehr nüchtern bleiben können in der Wahrnehmung, wie weit unsere Welt, zu der wir immer zuerst selbst gehören, erfasst ist von der Versuchung zum Bösen, gerade zur Gier. Aber wir verzweifeln deshalb nicht, weil wir wissen:

»Und das Licht leuchtet in der Finsternis.« Johannes geht sogar noch einen Schritt weiter, wenn er sagt: »Und die Finsternis hat es (das Licht) nicht erfasst.« Johannes, der gerne vielsagend, ja manchmal auch rätselhaft mit den Worten spielt, sagt hier etwas Doppeltes: Die Finsternis hat das Licht nicht erfasst, aber dasselbe griechische Wort (»katalambanein«) kann zugleich so übersetzt werden, dass das Licht in der Nacht nicht überwältigt wird von der Finsternis (vgl. auch Joh 12,35 f.).

Dies ist die Botschaft von Weihnachten. Es wäre schade, wenn wir uns dem Trost dieser Botschaft in ihrer Tiefe und Hintergründigkeit verschließen und sie eintauschen würden nur für das Linsengericht einer oberflächlichen Grundstimmung, die uns freilich immer wieder entgegenkommt.

Dann denken wir in diesen Tagen auch nicht bloß an uns, oft wehleidig, sondern sehen die vielen Menschen, die in der Finsternis leben und nach Gerechtigkeit hungern. Erst wenn wir die Augen und Hände öffnen für die Bedrängten, können wir voll Freude singen: »Aufgeleuchtet ist uns aufs Neue der Tag der Erlösung. Ein großes Licht ist heute auf Erden erschienen. Kommt, ihr Völker, und betet an den Herrn, unseren Gott!«

Gott spricht

Bei den großen christlichen Festen können wir immer wieder beobachten, wie Worte und Begebenheiten, die einzelne Personen betreffen, und solche, die das öffentliche Leben, ja die ganze Welt angehen, unterschieden werden müssen und doch zusammengehören. So ist es mit Ostern und mit Weihnachten. Die stärker persönlich orientierten Erzählungen finden wir in den ersten beiden Messen dieses Hochfests »In der Nacht« und »Am Morgen«. Schließlich wird drittens »Am Tag« gleichsam der ganze Vorhang aufgezogen. Das Geheimnis der Nacht wird nun vor der ganzen Welt enthüllt. Jesaja hat es uns angekündigt: »Alle Enden der Erde sehen das Heil unseres Gottes« (52,10b). Der sogenannte Prolog des Johannesevangeliums hat dieses Geheimnis in seiner ganzen Tiefe erschlossen: »Niemand hat Gott je gesehen. Der Einzige, der Gott ist und am Herzen des Vaters ruht, er hat Kunde gebracht« (Joh 1,18).

Nun sollen die ersten zwei Verse des Hebräerbriefs nähere Betrachtung erfahren: »Viele Male und auf vielerlei Weise hat Gott einst zu den Vätern gesprochen durch die Propheten; in dieser Endzeit aber hat er zu uns gesprochen durch den Sohn, den er zum Erben des Alls eingesetzt und durch den er auch die Welt erschaffen hat …«

Nicht zufällig sind es bereits die ersten Worte, die wie ein Fanfarenstoß wirken. Es ist eine mit aller Kraft einsetzende Ouvertüre. Sie bringt den Christen, die zu lesen oder hören beginnen, den Höhepunkt jener Offenbarungssymphonie zu Ohren, die seit den Zeiten der großen Propheten in Israel klang. Kein zentrales Motiv im Gesamtbereich des Glaubens, aus Schöpfung und Erlösung, fehlt. Gott ist der erste Grund und das letzte Ziel des Daseins. Der Horizont ist umfassend: Über uns öffnet sich der Himmel, wir stehen auf dem festen Boden von Gottes Schöpfung, hinter uns liegt die Geschichte der göttlichen Zuwendung zum Menschen, zugleich schauen wir nach vorn auf die Vollendung. Dies alles wird in einem kunstvollen griechischen Satz von 72 Wörtern (1,1–4) eindrucksvoll geformt und zu einer Einheit gebracht. Es ist ein Satz über Jesus Christus, wobei die ganze eindrucksvolle Komposition von Gott als dem Subjekt des Ganzen getragen wird.

Schon der erste Satz fasst die ganze Religionsgeschichte und vor allem die bisherige Heilsgeschichte zusammen: »Viele Male und auf vielerlei Weise hat Gott einst zu den Vätern gesprochen durch die Propheten« (1,1). Gott hat *gesprochen* – dies ist zunächst die Hauptsache. Es ist ein bestimmter, ein einziger Gott (im griechischen Original nicht zufällig mit Artikel; vgl. auch Mk 12,29 ff., Röm 3,30; 1 Kor 8,4). Diesen redenden Gott findet man nicht zuerst und allein in der Natur, in der religiösen Begeisterung oder sonstwie. Er ist durch sein Reden, sein Personsein und durch seine Einzigkeit bestimmt. Gottes Wort ist dabei nicht einfach eine Mitteilung über etwas, was schon da ist, sondern indem Gott spricht, schafft er auch. Deshalb ist es ein wirkmächtiges Wort. Kein Zufall, dass das »Wort« (Logos) die wohl wichtigste Übersetzungshilfe ist, wenn es um Gott und sein Wirken nach außen geht (vgl. schon Gen 1).

Dies ist eine Revolution im Gottesverständnis. Gott thront nicht einsam jenseits unserer Welt. Der biblische Gott ist kein Hinterweltler. Er ruht auch nicht einfach selig in sich selbst. Er will in voller Freiheit von seiner Güte etwas mitteilen, lässt darum Geschöpfe entstehen und schenkt uns seine Gaben. Es ist ein Gott, der sich der Welt, die von ihm stammt, und den Menschen zuwendet. Dies geschieht immer mehr: durch die Schöpfung, durch die Weisungen und Gebote, durch die Gegenwart der Bundeslade (in der sein Wort verwahrt wird), durch die Führer des Volkes und nicht zuletzt durch die Propheten. So senkt er sich immer mehr hernieder und steigt ab in unsere Welt. Doch büßt er in diesem Herabsteigen nicht seine Gottheit ein. Er bringt sein ewiges Leben mitten in unsere vergängliche Welt.

Aus diesem Grund wird etwas Wichtiges schon in der ersten Zeile hinzugesagt: »Viele Male und auf vielerlei Weise hat Gott …« gesprochen (1,1). Man kann auch übersetzen: Vielfach und vielfältig hat Gott gesprochen. Dabei ist zuerst an die biblische Heilsgeschichte von Anfang an gedacht. Es ist eine einzige Offenbarung, die uns aber in einer langen Geschichte und in vielen Formen erschlossen wird. Man darf hier ruhig an die Bilder der Bibel und ihre verschiedenen Vollzugsweisen denken (zum Beispiel auch Träume, Visionen usw.). Ganz gewiss sind zuerst die biblischen Propheten gemeint, die uns lehren, in rechter Weise das Heil zu erwarten (vgl. das Vierte Hochgebet in der Eucharistiefeier). Aber man wird dieses »durch die Propheten« auch nicht zu sehr pressen dürfen. Hier ist wohl auch mitgemeint, dass Gott überhaupt schon früh sich eben auf vielfache Weise und oft bezeugt hat, gewiss immer wieder auch durchmischt mit Unvollkommenheiten und Irrtümern.

Erst vor dieser Geschichte des Heils und des sich darin offenbarenden Gottes wird aber nun voll erkennbar, was *heute,* was *jetzt* geschehen ist: »in dieser Endzeit aber hat er zu uns gesprochen durch den

Sohn« (1,2). Jetzt wird deutlich, wo der Zielpunkt der ganzen Bewegung ist. Deswegen wird die bisherige Geschichte, vornehmlich Israels, nicht abgewertet. Israel bleibt der Mutterboden. In großer Betonung wird gesagt: »in dieser Endzeit«. Damit ist deutlich zum Ausdruck gebracht, dass dies der unüberbietbare Höhepunkt der Offenbarung Gottes ist, der letzte Tag, über den hinaus es kein Mehr gibt. Beides gehört zusammen: die Treue Gottes zu seinem Volk *und* die Unvergleichlichkeit seines jetzigen Kommens.

Gott kommt nicht in Gestalt irgendeiner Marionette, sondern er kommt »zu uns durch den Sohn«. Dieser Höhepunkt aller Offenbarung ist zunächst einmal keine Sache, kein Ding, sondern eine individuelle, unverwechselbare Person. Der Sohn ist Gott, dem Vater, am nächsten. Er kommt ganz aus ihm und gibt in ganz authentischer Weise Kunde von ihm (vgl. Joh 1,1–18). Er ist der »Erbe des Alls«, »Abglanz seiner Herrlichkeit«, »Abbild seines Wesens« (1,2 f.). Mehr kann auch Gott nicht geben als seinen Sohn, in dem er sich selbst weggibt und sendet. Deswegen haben frühere Ausleger immer wieder auch gesagt, die Menschwerdung sei das Ende der Wege Gottes. Gott hat alles zusammengefasst, was er an Zuwendung den Menschen geschenkt hat, in seinem Sohn. Darum kann man ihn auch den »Sohn der Liebe« nennen. Weihnachten birgt dieses Geheimnis.

Der Sohn ist der unübersteigbare Höhepunkt in der Offenbarung Gottes. Er schenkt uns die größte Nähe Gottes zu uns. Ihm können wir am meisten vertrauen. Er teilt aber auch unser Leben. Die spätere kirchliche Lehre wird sagen, dass er gleichen Wesens wie der Vater ist, aber auch *uns* wesensgleich. Er kennt den Menschen. Er streift unsere Welt nicht wie ein lichtvoller Komet, der wieder im Dunkel des Alls verschwindet. Er wird einer von uns. Er bringt uns damit auch die »Güte und Menschenfreundlichkeit Gottes, unseres Retters« (Tit 3,4). Er kennt aber nicht nur die Wünsche und Träume, sondern auch das Leid und die Grenzen des Menschen. So wird vom »Sohn« – ungeachtet seiner machtvollen Stellung – gesagt, dass er »durch Leiden Gehorsam gelernt hat« (vgl. Hebr 2,10; 5,1.8). Hinter der Krippe ragt schon das Kreuz empor.

Aber dabei bleibt es nicht. Er befreit uns von unserem Versagen, vor allem der Anhänglichkeit an die Macht. Darum sagen auch die großen Lehrer der Kirche schon in der Frühzeit: Alles, was er angenommen hat, hat er auch erlöst. Also kann in ihm die Welt bis in alle Winkel und Fugen hinein zum Guten verändert werden. Dies schließt zuerst Solidarität und Liebe, Gerechtigkeit und Ehrfurcht vor dem Leben, aber gerade deshalb auch Verzicht, Mäßigung und Schonung ein. Dann brauche ich nicht mehr über die Bankenkrise mit ihren finanziellen und wirtschaftlichen Folgen, über die Verwüstung unserer Erde und unsere Unfähigkeit, ihr Einhalt zu gebieten, und viele Symptome der Unmenschlichkeit zu predigen. Dann beginnen wir am besten bei uns selbst.

Gottes Verborgenheit im Kind

Es ist ein großer Unterschied, ob wir am Vorabend bzw. in der Nacht Christmette halten oder am Vormittag des Weihnachtsfestes die Botschaft von der Geburt Jesu vernehmen. Da ist die stille Vorbereitung, die Reise von Josef und Maria zur Volkszählung, die Geburt unterwegs im Stall. Nur wenige haben in dieser Unscheinbarkeit wahrnehmen können, was sich wirklich begeben hat. Es sind vor allem die Hirten, exemplarisch für einfache, aber sehr wache Menschen, die eine große Sensibilität bezeugen. Aber im festlichen Gottesdienst des Weihnachtsmorgens scheint ein ganz anderer Ton angeschlagen zu werden: Der Blick geht hinaus in die ganze Welt. Es geht nicht mehr um die unscheinbare Begebenheit, die so viele Anspielungen enthält an die Atmosphäre in einem kleineren Kreis. Jetzt wird offenbar, was die Geburt Jesu für die Menschheit und die ganze Schöpfung bedeutet.

Gegenüber dem intimen Milieu der Weihnachtsgeschichte vernachlässigen wir oft diesen Blick auf die ganze Welt hin. Wir wollen uns jedoch gerade dieser weltweiten Dimension von Weihnachten stellen. Sonst sind wir in Gefahr, Weihnachten romantisch in eine weltabgewandte Ecke zu stellen.

Die Lesung aus dem Propheten Jesaja, der uns in den Wochen des Advents immer stärker begleitete, eröffnet die Feier. Noch ist die gute Nachricht, dass Gott Mensch geworden ist, nicht überall angekommen. Aber die Boten Gottes, die wachsam sind und wissen, welche Stunde geschlagen hat, verkünden die große Freude. Es gibt für die Menschen eine neue Hoffnung, wenn Gott selbst mitten unter ihnen lebt. Deshalb verkünden sie überall »Gott ist König«. Und sie sagen dies zu allen Völkern: »Der Herr macht seinen heiligen Arm frei vor den Augen aller Völker. Alle Enden der Erde sehen das Heil unseres Gottes« (52,10). Jetzt strahlt das Licht der Weihnacht aus in die ganze Welt. Es gibt keinen Winkel, der davon ausgenommen wäre.

Dabei werden wir durchaus daran erinnert, dass die Menschen immer diese Hoffnung gesucht und Rettung aus dem Elend ersehnt haben. Der Anfang des Hebräerbriefes, eines späteren, theologisch tiefen Dokumentes des Neuen Testamentes, fasst es in einer großen Zusammenschau überzeugend in das Wort: »Viele Male und auf vielerlei Weise hat Gott einst zu den Vätern gesprochen durch die Propheten; in dieser Endzeit aber hat er zu uns gesprochen durch den Sohn« (1,1 f.). Die ganze Religionsgeschichte mit allen Ereignissen von Offenbarung und den vielen Weisen der Mitteilung an den Menschen – im Wort und in der Tat, in Bildern und in Gesten – wird in Erinnerung gerufen. Das Kommen Jesu hat etwas mit dem Suchen aller Religionen nach einem letzten Sinn von allem in der Welt zu tun, auch wenn sie verschiedene Antworten haben. Jetzt aber gibt es eine letzte Nachricht an die Menschheit: »In dieser Endzeit hat er zu uns gesprochen durch den Sohn« (1,2).

Es geht um ein Letztes, das nicht mehr überboten werden kann. Gott schickt in der Reihe seiner Botschafter nochmals einen, der seine Herrschaft ankündigt. Dieser richtet nicht nur wie ein Verkünder eine Botschaft an uns aus. Er ist selbst in höchstem Maße Botschaft und Bote zugleich. Er bringt alles, weil er selbst aus dem Herzen des Vaters kommt. Er offenbart das Gesicht Gottes. »Niemand hat Gott je gesehen. Der Einzige, der Gott ist und am Herzen des Vaters ruht, er hat Kunde gebracht« (Joh 1,18). Darum wird er mit Recht *der Sohn* genannt. So verstehen sich auch die Worte des Hebräerbriefs, dass er »der Abglanz seiner Herrlichkeit und das Abbild seines Wesens« (1,3) ist. Er bringt den Glanz, das Strahlen und damit die Herrlichkeit Gottes in unsere vergängliche Welt. Darum ist er auch viel erhabener als alle Engel, als alle Kräfte zwischen Himmel und Erde.

In diesem Sohn, mag er noch so sehr ein unscheinbares Kind sein, kommt nicht nur etwas Glanz in unsere Hütten, sondern in ihm kommt Gott selbst in unsere Welt. Das Evangelium nach Johannes bringt dies meisterhaft im ersten Kapitel in einem Lied zur Sprache: »Im Anfang war das Wort und das Wort war bei Gott, und das Wort war Gott« (Joh 1,1). Der allmächtige Gott spricht sich selbst und sein Innerstes aus durch das Wort. Im Wort haben die Religionen und viele, die nach dem Urgrund dieser Welt suchten, ob Sterndeuter oder Philosophen, den letzten Sinn unserer ganzen Wirklichkeit gesehen. Aber dieses Wort verliert sich nicht in den Spekulationen menschlicher Suche, sondern kommt in unsere Welt, wird ein Mensch wie wir und wird ein Kind. Vielen erscheint dies auch heute lächerlich. Denn sie suchen immer in der menschlichen Macht, in der Gewalt oder im Reichtum einen letzten Sinn. Der menschgewordene Gott ist ein ohnmächtiges Kind. Er ist der Sohn des Vaters für uns und bringt uns mit dem Erbarmen Gottes auch Gnade und Wahrheit. »Aus seiner Fülle haben wir alle empfangen, Gnade über Gnade« (Joh 1,16; vgl. 14.17).

Da ist keine Spur mehr von einer bloß rührseligen Geschichte. Für viele Menschen erschöpft sich Weihnachten darin. Deswegen vergessen sie auch alles oft wieder schnell wie aus einem Märchen. Die liturgischen Texte des ersten Weihnachtsfeiertages zeigen uns jedoch, wie die ganze Welt, auch unsere globale Welt von heute, mit dem Suchen des Menschen nach Sinn und Erfüllung von Jesu Kommen bestimmt wird. Es ist wirklich eine Botschaft für die ganze Welt.

Wir haben immer noch die dominierende Leitvorstellung, Macht müsse sich auch in einem hohen Gewaltpotential darstellen. Solange wir so denken, erfassen wir von Weihnachten sehr wenig. Aber die Künstler aller Zeiten haben es so dargestellt, dass der kleine Jesus den ganzen Globus, die ganze Weltkugel in der Hand hält. Wenn wir uns auf ihn einlassen, dann können wir in seinem Geist die Bindekräfte finden, die uns als Menschen zusammenhalten und uns immer wieder zusammenführen, wenn wir von Abneigung und Hass, Machtgelüsten und Zerstörungswut beherrscht werden. Durch die Ohnmacht des Kindes werden wir auch daran erinnert, dass wir von dem leben, was wir nicht machen können: vor allem vom Verständnis füreinander, von der Anerkennung des Anderen (auch wenn er uns fremd ist und bleibt), von der Wahrung der Würde eines jeden Menschen: vom Anfang bis zum Ende, dass wir vor allem aber Solidarität und darüber hinaus Liebe haben zu allen Menschen.

Weihnachten ist nicht einfach ein Welttheater, hat aber der ganzen Welt etwas zu sagen. Wenn das

Fest zu Ende geht, wird leider alles schnell wieder wie eine Kulisse abgebaut bis zum nächsten Jahr. Dies aber wäre das größte Missverständnis. Weihnachten bedeutet auch den Auftrag, dieses Kommen Gottes zu uns und seine Liebe zu allen Menschen ungeachtet aller Hindernisse, die sich uns in den Weg stellen, in unserer Welt zu bezeugen. Hier lässt nämlich das Weihnachtsevangelium bei allen ermutigenden und Freude schaffenden Tönen keinen Zweifel: Die Finsternis hat aber das Licht nicht erfasst. »Er war in der Welt, und die Welt ist durch ihn geworden, aber die Welt erkannte ihn nicht. Er kam in sein Eigentum, aber die Seinen nahmen ihn nicht auf« (Joh 1,10 f.).

An Weihnachten kommt Gott nicht von selbst in die Welt. Es gibt viele Mächte, die sich ihm entgegenstellen. Dazu gehört auch der romantische Kitsch, den wir oft mit Weihnachten betreiben. Hinter der Krippe steht das Kreuz. Die Heiligen um das Weihnachtsfest herum, allen voran Stephanus, sprechen uns auf unser Zeugnis für diesen Jesus an: in unserem Verhältnis zu Hause untereinander, in unseren Lebenskreisen, zu den Fremden bei uns, zu den leidenden und bedrängten Menschen, nicht zuletzt aber zu denen, die im Schatten dieses Festes leben. Dazu gehören auch die mit Weihnachten alljährlich verbundenen Sammlungen von ADVENIAT für die Not der Völker in Mittel- und Südamerika. Vergessen wir aber auch die Christen in vielen verfolgten Ländern nicht, nicht zuletzt im Irak und im ganzen Nahen und Mittleren Osten. Schließlich steht hier die Wiege unseres Glaubens.

An Weihnachten soll uns dieses Licht aufgehen, jedem und uns allen zusammen. Dies macht die Freude und den Frieden dieses Festes aus. Wenn dieses Licht aus Betlehem aufgeht, strahlen wir, werden wir neue Menschen. Dies ist die 2000 Jahre alte Freude an Weihnachten, die auch heute wieder durch die gemeinsame Feier, Wort und Musik, Wirklichkeit werden kann.

»Gott wurde klein erfunden, damit der Mensch groß würde«

Die Geschichte und die Politik sind in vieler Hinsicht von der Gier und dem Streit um Macht gekennzeichnet. Diese kann viele Formen annehmen. Es gibt nicht nur die kriegerische Auseinandersetzung mit der Überlegenheit von Waffen, sondern es gibt auch den Propagandakrieg, mit dem man den Ruf eines Gegners ruinieren kann.

Es ist bezeichnend, dass nicht wenige Denker, Wissenschaftler und Weise Aussagen über die Macht eher etwas scheuen. Jedenfalls kann man beobachten, dass sie sich eher im vorgerückten Alter zur Frage der Macht äußern. Dabei fällt auf, dass öfter eine Haltung eingenommen wird, die die Macht nicht nur in ihren Gefahren und Versuchungen darstellt, sondern Macht als solche moralisch grundsätzlich korrumpiert sieht. Die menschliche Erfahrung oft eines längeren Lebens hat offensichtlich hier Wirkung gezeigt: Macht ist böse.

Nun wissen wir alle, dass die Ausübung von Macht zum Menschen gehört. Dies fängt schon bei einfachen Dingen an. Wo wir stehen und etwas aus eigener Initiative betreiben, kann kein anderer sein. Wir engen durch unser eigenes Tun den Wirkraum anderer Menschen ein. Dies kann eine Form von Macht sein. Darum muss die Ausübung von Macht immer geregelt, vor allem durch das Recht begrenzt werden. Wenn die Spielregeln des Umgangs mit Macht verletzt werden, kommt es rasch zu Willkür, ruinösem Wettbewerb und Vernichtungsstrategien. Kriege sind »nur« ein Sonderfall dieses Verhaltens.

Oft beschreiben wir die Geschichte in der Perspektive der Macht. Die Sieger nehmen die erste Stelle ein. Die Opfer werden nur kurz, wenn überhaupt, erwähnt. Darum müssen wir die Geschichte mit einer anderen Optik betrachten, nämlich aus der Perspektive derer, die zu Unrecht als Verlorene gelten. Damit wir nicht nur die Sieger feiern, muss die Geschichte auch gegen den Strich gebürstet werden.

Es mag überraschend sein, dass Weihnachten viel mit dieser Einschätzung der Macht zu tun hat. Am deutlichsten sehen wir dies, wie König Herodes im Zusammenhang der Geburt Jesu um seine Macht fürchtet. Jesus muss nach Ägypten fliehen, »denn Herodes wird das Kind suchen, um es zu töten« (Mt 2,13). Die Sterndeuter kehren nicht mehr zu Herodes zurück, sondern »sie zogen auf einem anderen Weg heim in ihr Land« (Mt 2,12). Die Wut des Königs kennt keine Grenzen: »Als Herodes merkte, dass ihn die Sterndeuter getäuscht hatten, wurde er sehr zornig, und er ließ in Betlehem und der ganzen Umgebung alle Knaben bis zum Alter von zwei Jahren töten, genau der Zeit entsprechend, die er von den Sterndeutern erfahren hatte« (Mt 2,16). Als Herodes starb, musste man seinen Sohn nicht minder fürchten (vgl. Mt 2,22).

Wie sehr die Menschen und auch Jesus selbst unter der Verführung durch Macht stehen, zeigt uns in den Evangelien die Geschichte von der Versuchung Jesu (vgl. Mt 4,1–11). Es sind gleichsam klassische Versuchungen zu sozialer Macht, zur Faszination und zum Reichtum. Jesus wehrt sich jeweils, indem er sehr gezielt ein Wort der Schrift gegen diese Betörungen setzt (vgl. 4,4.7.10).

Macht ist etwas so Allgemeines und Universales, dass wir uns auch Gott kaum denken können, ohne dass wir diese Kategorie gebrauchen. Macht ist Können. Gott kann alles. Er ist allmächtig. Aber gerade daran hat sich auch der Zweifel an Gottes Güte, ja an seinem Gottsein entzündet, wenn man an die vielfach geschundene Kreatur denkt. Manche wollten deswegen auf das Wort von der »Allmacht« in Anwendung auf Gott verzichten. Dies ist nicht notwendig.

Hier kann uns Christen das Ereignis von Weihnachten weiterführen. Freilich dürfen wir nicht einfach in der Verlängerung der üblichen Machtvorstellung denken. Gott kommt ja nicht mit Macht im gewöhnlichen Sinne. Dies haben die Menschen immer erhofft, wenn sie auf den Messias warteten. Das Kommen Jesu stellt aber unsere Kategorien auf den Kopf und dreht sie um. Gott kommt herab, er steigt zu uns nieder, er scheut nicht die Armut im Stall und in der Krippe, ja er ist auch in seinem künftigen Leben bewusst in der Nähe des endlichen, armen Menschen. »Gottes des Unsichtbaren Ebenbild hat die Niedrigkeit menschlichen Daseinsbeginns nicht verschmäht und hat über Empfängnis, Geburt, Weinen, Krippe alle Kleinheit unserer Natur durchlaufen« (Hilarius von Poitiers). Er kam zu uns nur als der verborgene Gott. Er kommt im Kind, das uns oft als Inbegriff der Ohnmacht vorkommt.

Gottes Macht ist so groß, dass er sich das Herabsteigen, ja die Ohnmacht leisten kann. Seine Größe zeigt sich weniger im Herrschen im Sinne eines unbeschränkten Verfügens über alles, was lebt. Seine Macht besteht vielmehr im Schonen und im Vergeben. Das ganze Leben Jesu bestätigt diesen Anfang. Immer wieder verzichtet er bis in den Tod hinein auf jede Gewalt. Von Anfang an wird sein Leben dadurch bestimmt: »Er war Gott gleich, hielt aber nicht daran fest, wie Gott zu sein, sondern er entäußerte sich und wurde wie ein Sklave und den Menschen gleich. Sein Leben war das eines Menschen; er erniedrigte sich und war gehorsam bis zum Tod, bis zum Tod am Kreuz« (Phil 2,6–8).

Dadurch kam es zu einem wunderbaren Tausch, der den Menschen in einer Weise erhöht, die ihm keine Machtausübung der Welt verleihen kann. »Gott verkehrte auf menschliche Weise mit den Menschen, damit der Mensch lerne, göttlich zu handeln. Auf gleicher Stufe handelte Gott mit den Menschen, damit der Mensch auf gleicher Ebene mit Gott handeln könnte. Gott wurde klein erfunden, damit der Mensch groß würde. Der du einen solchen Gott verschmähst, kannst du wohl im Glauben Gott den Gekreuzigten annehmen?« (Tertullian).

Verstehen können wir dies aber nur, wenn wir unsere Kategorien blanker Machtausübung im weltlichen Sinne hinter uns lassen. Wir müssen im wörtlichen Sinne umkehren, umdenken. Wir müssen das Wort von der Macht neu buchstabieren. Dann ist Macht Dienst. Dies ist der Grund, warum die Großen der Welt von Herodes bis zum heutigen Tag den verborgenen Gott in Jesus nicht erkennen können. Es sind vielmehr einfache Menschen, die um ihre Armut und Ohnmacht wissen. Es sind Maria und Josef, die das Geheimnis dieses Kindes hüten, auch wenn sie es noch nicht ergründen können. Es sind die Hirten auf dem Feld, die die »Zeichen der Zeit« besser zu lesen verstehen als die Mächtigen. Und es sind Simeon und Hanna, die Frommen und Gerechten aus dem Haus Israel, die wirklich verstehen.

Dies ist das Geheimnis von Weihnachten. Deshalb ist die Geburt Jesu von Nazaret auch eine Revolution in unserem Gottesverständnis. Darum brauchen wir auch, solange wir leben, jedes Jahr Weihnachten, dass wir es endlich verstehen, das kleine und verletzliche Wort »Gott«.

Was Jesus Christus annimmt, erlöst er auch

Gott wird Mensch. Aber verträgt sich beides miteinander, der allmächtige Gott und der sterbliche Mensch? Sind nicht Missverständnisse geradezu vorprogrammiert, um den menschgewordenen Sohn Gottes in seiner Einzigartigkeit zu verfehlen? Große Geister haben über Jahrhunderte dieses Geheimnis für uns Menschen zu erschließen versucht. Es bleibt ein Geheimnis. Aber es ist nicht sicher, ob nicht auch wir heute die Wahrheit von Weihnachten verkennen.

Jesus ist ein wirklicher Mensch wie wir alle. Die Evangelien beschreiben ihn in seiner ganzen Menschlichkeit: Er wird von einer menschlichen Mutter geboren, wächst und reift heran, lernt einen Beruf, hat Hunger und Durst, wird versucht, wird müde, stellt Fragen, spürt Mitleid, freut sich besonders an Kindern, er wird aber auch zornig, vor allem über die Hartherzigkeit der Menschen, er hat Angst, leidet Schmerzen, wird ungerecht bestraft und stirbt schließlich am Kreuz. Jesus ist ein Mensch mit Leib und Seele, er hat die Höhen und Tiefen des Menschseins durchlebt und durchlitten. Er ist unser Bruder (vgl. Joh 20,17; Röm 8,29; Hebr 2,1).

Der Hebräerbrief fasst das Zeugnis der Evangelien zusammen: »Wir haben ja nicht einen Hohepriester, der nicht mitfühlen könnte mit unserer Schwäche, sondern einen, der in allem wie wir in Versuchung geführt worden ist, aber nicht gesündigt hat« (4,15). Er war in allem uns gleich, ausgenommen die Sünde. Vielmehr hat er sein Leben hingegeben »für viele«, das heißt für alle (vgl. Mk 10,45). Diese Hingabe an den Willen des Vaters und für die Menschen bestimmt sein ganzes Leben und Sterben. In diesem Für-euch, Für-uns und Für-alle ist Jesus Christus in wirklich menschlicher Gestalt die Erscheinung der Güte und Menschenfreundlichkeit Gottes (vgl. Tit 3,4). Dass Jesus wie ein Verbrecher am Kreuz stirbt, war »für Juden ein empörendes Ärgernis, für Heiden eine Torheit« (1 Kor 1,23). Darum fällt für die junge Christenheit auch die Entscheidung mit dem Bekenntnis, »dass Jesus Christus im Fleisch gekommen ist«. Wer sich dazu nicht bekennt, der ist ein Antichrist (vgl. 2 Joh 7; vgl. 1 Joh 4,3). Schon früh traten nämlich Irrlehrer auf, die behaupteten, Jesus habe nur einen Scheinleib gehabt und er habe nur zum Schein gelitten. Einer der ersten Kirchenväter, Ignatius von Antiochien, erkannte bereits in seinem Brief an die Gemeinde von Smyrna um das Jahr 110, dass wir dann auch nur zum Schein erlöst sind. Das Christentum würde sich in eine Scheinwirklichkeit auflösen.

Nur wenn Gott leibhaftig in unser menschliches Fleisch und Blut eingegangen ist, dann hat er uns auch in unserer Menschlichkeit erlöst. Heil und Erlösung sind dann nie nur innerliches Heil bloß unserer Seele, sondern zielen auf das Heil- und Ganzsein des Menschen. Wir müssen die Menschwerdung Jesu ohne untergründige Täuschung verstehen: die Menschheit Jesu ist keine Verkleidung, kein lebloses Instrument oder gar eine Art Marionette in der Hand Gottes. Nur wenn Jesus Christus nicht nur wahrer Gott, sondern auch wahrer Mensch ist, kann er uns erlösen, wie Anselm von Canterbury immer wieder betont. Nur allzu gern denken wir die Menschwerdung Jesu wie ein Märchen: Er streift wie ein Komet unsere Erde und unser Menschenleben. Nein, Gott selbst kommt wirklich in die Niederungen unseres Lebens, wird ein Kind, liegt in einer Krippe, wird unterwegs in der Fremde geboren, wird ein Flüchtlingskind. Er zieht nicht bloß die Gala-Uniform eines Menschen an, die er abstreift, wenn es blutig und brenzlig wird. Er leidet die Tiefen und Nöte des Menschen aus. Er spielt nicht Theater. Er erfährt von der Krippe bis zum Kreuz die Schikanen und die hinterhältigen Fallen der Menschen. Jesus leidet an der

Härte der Menschen, an ihrer Unbußfertigkeit, am Hass, an den Krankheiten seiner Mitmenschen und an der Verachtung vieler Menschengruppen zur damaligen Zeit. Es sind nicht nur die Heiden und manche Nachbarn desselben Religionsstammes, wie etwa die Samariter, sondern auch Frauen und Kinder im eigenen Haus.

Jesus wird auf vollkommene Weise Mensch, indem er diese Situationen annimmt und auch ausleidet. Dadurch gibt er uns gewiss ein Beispiel, dass auch wir in solchen Situationen nicht einfach verzweifeln. Und doch bedeutet die Annahme des ganzen Menschseins mit seinen Höhen und Tiefen noch mehr. Er hat nämlich durch sein Kommen und durch die Hingabe seines Lebens das Unheil, das uns Menschen immer wieder bedrängt, grundlegend überwunden und Heilung gebracht. Die Heilige Schrift hat dafür sehr viele Worte und Bilder: Erlösung, Befreiung, Loskauf. Er schenkt uns neues Leben. Wir sagen dies so leicht. Es gehört gewiss zu den Grundaussagen unseres Glaubens, dass dies so ist.

Aber wir müssen noch tiefer in diese Wahrheit eindringen: Alles, was Jesus Christus durch seine menschliche Natur angenommen hat, das hat er auch erlöst und geheiligt, befreit und erneuert. Dies gilt nicht nur für die Menschwerdung Gottes. Es ist nicht nur eine schöne Utopie, der wir an Weihnachten für einige Stunden erliegen. Die Menschwerdung Gottes ist zwar ein einmaliges Ereignis, aber zu ihr gehört die ganze Geschichte dieses Lebens mit allen Folgen. So gibt es keine menschliche Situation, die durch das Leben und Sterben Jesu nicht eine innere Umwandlung erfahren hätte. Weil Gott in Jesus Christus alles, was er angenommen hat, auch erlöst hat, darum gibt es grundsätzlich keine menschliche Situation mehr, in der nicht die Liebe über alle Gestalten des Hasses und des Todes siegen könnte. Es gibt keinen Ort und keinen geschichtlichen Aufenthalt, der nicht zu einer Möglichkeit des Heils werden kann. Dies zeigen schon die Geburtsgeschichten bei Matthäus und Lukas, wenn man sie sorgfältig liest. Es gilt aber auch für den Abstieg Jesu in die Unterwelt, in die »Hölle«. Auch dorthin bringt er Befreiung und Heil.

Wir können nämlich schon in den Geburtsgeschichten Jesu viele Nuancen und Anspielungen entdecken: Heimatlosigkeit, Kargheit des Lebens, Zurückweisung in der Not, Kindermord, Flucht. Mitten in diesem Elend der Geschichte gibt es jedoch die Kunde des Engels, die Verheißung vom Frieden auf Erden und die wenigen Treuen, die sich um das Kind sorgen. Der Glaube der Kirche hat schon sehr früh im Anschluss an die Heilige Schrift von einem »heiligen Tausch« gesprochen. »Denn ihr wisst, was Jesus Christus, unser Herr, in seiner Liebe getan hat: Er, der reich war, wurde euretwegen arm, um euch durch seine Armut reich zu machen« (2 Kor 8,9). Stets wiederholen die Väter des Glaubens von den Anfängen her dieses große Geschenk: »O beglückender Tausch! Die Bosheit *vieler* wird in dem *einen* Gerechten verborgen, die Gerechtigkeit des Einen rechtfertigt viele Ungerechte!« (Diognetbrief 9,2). Immer wieder wird uns gesagt: »Denn für uns ist er arm geworden, damit wir durch seine Armut reich würden.« Der heilige Augustinus spricht schon vom »Tausch der Liebe«. Martin Luther hat über ein Jahrtausend später vom »fröhlichen Wechsel« gesprochen. Der Jubel überschlägt sich geradezu, wenn dieser Platztausch zwischen Arm und Reich überschwänglich wird und zum Beispiel Cyrill von Alexandrien zu dem Wort greift: »Gott ist Mensch geworden, damit wir Götter werden und Söhne«. Es kann so auch geradezu ein gefährliches Wort werden.

Aber davor behütet uns das nähere und tiefere Verständnis. Diese Freude ist nicht folgenlos. Wenn unsere Maßstäbe durch diesen Platztausch auf den Kopf gestellt werden, dann hat dies auch Konsequenzen für unser Leben. Groß ist man zum Beispiel nicht einfach durch Macht, Glanz und Überheblichkeit, schon gar nicht durch Gewalt. Die Größe Gottes zeigt sich – dies offenbart sich an Weihnachten – im Schonen und Verzeihen. Dann gilt dies auch für unsere Weihnachtsfreude. Die Bewegung, dass Gott unseretwegen arm wird, vollendet sich erst, wenn wir den von ihm empfangenen Reichtum weiterschenken. Sonst bleiben wir in einem Sinne reich, den die Heilige Schrift bitter tadelt (vgl. Mk 10,17 ff.; Lk 12,22; 1,53; 6,24; 16,19 ff. u. ö.). Wer zu dieser Freigiebigkeit bereit ist, der kann auch als Armer Reichtum schenken. So sagt der heilige Paulus: »Wir sind arm und machen doch viele reich« (2 Kor 6,10). Paulus spricht hier von einem »Ausgleich«: »Im Augenblick soll euer Überfluss ihrem Mangel abhelfen, damit auch ihr Überfluss einmal eurem Mangel abhilft« (2 Kor 8,14, vgl. auch Vers 13).

Wir sind es gewohnt, dass wir seit über 50 Jahren (seit 1961) die Menschen in Lateinamerika durch die Sammlung für ADVENIAT in ihrer Armut unterstützen. Im Gesicht des Armen begegnet uns Jesus selbst. Dies gilt für die kleinen und großen Werke der Liebe. Der Papst aus Lateinamerika erinnert uns durch seine Worte und Gesten ganz leibhaftig an unseren Auftrag. Papst Franziskus weiß um die Fruchtbarkeit dieser Sammlung. Deshalb hat er uns die ADVENIAT-Kollekte im Jahr 2013, in dem er zum ersten Mal Weihnachten mit uns feierte, ans Herz gelegt und uns geschrieben: »Die Liebe ist eine geistliche Kraft, die uns verwandeln will. Er, der unseretwegen arm wurde, lädt uns ein, ihm ähnlich zu werden: hinauszugehen, uns klein zu machen mit den Kleinen und arm mit den Armen … In Europa, wo Wohlstand herrscht, ist uns manchmal nicht bewusst, wie groß die Armut in der Welt ist. Es fehlt an so vielem, nicht nur an Nahrung und Unterkunft, sondern auch an ärztlicher Versorgung, an Bildung, an einem gesunden Sozialgefüge … Ich vertraue auf euer großes Herz, das, je mehr es sich verschenkt, umso mehr mit Gottes Gaben neu gefüllt wird« (Grußwort von Papst Franziskus zur ADVENIAT-Aktion 2013).

Platztausch zwischen Reich und Arm, fröhlicher Wechsel aus Liebe – das ist ein Thema von ungeahnter Tiefe. So kann Gott unser Schicksal wenden und macht aus unserer oft so aussichtslos erscheinenden Lage eine hoffnungsvolle Situation. Die Freude an Weihnachten ist erst dann voll erlaubt, wenn wir Weihnachten in diesem Sinne zu Ende denken. Die Liebe Gottes ist unüberbietbar. Dann sollten wir auch alles für sie geben.

Der neue Geist von Weihnachten

Von den christlichen Festen hat gewiss Weihnachten am stärksten die ganze Welt, aber auch das Gemüt unzähliger Einzelner geprägt. Daran haben auch eine zunehmende Verweltlichung und eine diese noch steigernde Kommerzialisierung des Festes nichts ändern können. Eher sind sie ein Beleg für die weitreichende Wirkung noch dort, wo man meilenweit vom Glauben selbst entfernt ist.

Weihnachten rührt darum auch heute noch viele Menschen. Es gibt in den Kirchen manchmal die Versuchung, sich ironisch und sarkastisch über die kümmerlichen Reste der Weihnachtsbotschaft herzumachen. Ich kann die Wut durchaus verstehen, die einen packen kann, wenn zu Beginn des Novembers bereits die Weihnachtsglocken ertönen, damit die Kassen besser klingeln. Es muss da und dort auch eine zornige Kritik geben, so wie Jesus im Tempelbezirk die Händler davonjagte und die Wechslertische umstieß. Es wird allenthalben mit Weihnachten Schindluder getrieben.

Aber wenn dies deutlich gesagt ist, kann man

auch wieder geduldig und milde werden. Weihnachten ist das Fest der Güte und Menschenfreundlichkeit. Sie können in vielen Gewändern auftreten: im Schenken, im Feiern, im Zeithaben füreinander, im Spielen mit den Kindern, im lange erwarteten Gespräch miteinander, in Gebet und Gottesdienst. Überall, wo dieses und Ähnliches sich ereignet, geht in vielen Ehen, Familien, Freundeskreisen und Gemeinschaften das Licht von Weihnachten auf. Es entsteht vielleicht unmerklich, aber doch wahr, eine kleine Oase mit mehr Menschlichkeit. Vielleicht fehlen fromme Worte. Aber in der Tiefe des Herzens ruft die Botschaft von Weihnachten nach mehr Wärme unter den Menschen.

In einer Welt, die zunehmend durch rohe Gewalt und erschreckende Friedlosigkeit gekennzeichnet ist, darf man die kleinen Sternstunden der Menschlichkeit mitten im alltäglichen Leben nicht geringschätzen. Weihnachten offenbart die Temperaturen im Umgang der Menschen untereinander. Wenn wir nur ein wenig nachdenklich sind, enthüllt sich Weihnachten als sensibler Gradmesser unserer Menschlichkeit. Es kommt dabei nicht nur auf die räumlich Nächsten an, sondern auch auf unser Verhältnis zu den vielen im Elend, bei uns und in der ganzen Welt. Die großen Sammelaktionen der Kirchen für die Menschen in der Dritten Welt stoßen darum in diesen Tagen seit Jahrzehnten auf ein freigiebiges Herz.

Weihnachten hat also trotz des Rückgangs der aktiven Teilnahme am Leben der christlichen Gemeinden einen hohen Rang. Die Gottesdienste sind gefüllt wie sonst nie im Jahr. Wenn man dies aufmerksam betrachtet, macht man sich Gedanken über die Schwierigkeit, Religiosität der Menschen verlässlich zu messen. Es gibt offensichtlich eine manchmal bis zur Unkenntlichkeit versteckte oder gar verstellte Frömmigkeit, die nur selten an den Tag kommt – aber es gibt sie. Auch die nüchtern rechnenden Anbieter in den Medien und überall wissen um diese Stimmung.

Der Christ verbindet diese Menschlichkeit mit einer konkreten Person. Er vertraut nicht einfach den seligen Launen. Güte und Menschenfreundlichkeit haben einen Namen. Es ist ein Kind, das in dieser Nacht die Welt verändert. Die Nacht ist hell geworden, die Freude im Stall lässt das Unterwegssein zur Volkszählung beinahe vergessen, die Krippe dient als Wiege, sogar Ochs und Esel genießen offenbar die Atmosphäre. Die Künstler aller Zeiten haben dies in Bild, Wort und Ton festzuhalten versucht. Etwas überglänzt nämlich den Alltag. Es ist ein geheimnisvolles Licht im Spiel, das nicht einfach aus dieser Welt erklärt werden kann. Hier ist ein Kind geboren, das alle sonstigen Wunder einer Geburt übertrifft. Jesus kommt unmittelbar von Gott. Er kommt aus dem Herzen Gottes selbst. Darum hat er zwar eine menschliche Mutter, aber ist – wie die Christen bekennen – auf eine wunderbare Weise durch das unmittelbare Wirken des Gottesgeistes selbst im Schoß der jungfräulichen Mutter entstanden. Gott selbst senkt sich tief in unsere Menschenwelt hinein.

Die Nähe Jesu zu Gott kann verschieden zur Sprache kommen. Er ist das Wort Gottes in die Welt. Er ist nach so vielen Offenbarungsgeschichten im Alten Bund und in den Religionen das letzte, das unüberbietbare Wort der Liebe Gottes an die Welt. Er ist die Ikone des Vaters, das Ebenbild des unsichtbaren Gottes. In Jesus Christus ist darum die Güte und Menschenfreundlichkeit Gottes leibhaftig erschienen. Mit einem Wort, das man hier freilich ganz ausschöpfen muss, wird dieses einzigartige Verhältnis zwischen Jesus von Nazaret und Gott dem Vater zur Sprache gebracht: Er ist »der Sohn Gottes«.

Dieses Bekenntnis ist eine Zumutung. Man kann sie nur annehmen, wenn man dieses Wunder der Menschwerdung Gottes immer wieder offen und unvoreingenommen betrachtet. Menschen, die schon alles zu wissen meinen – exemplarisch stehen dafür die Schriftgelehrten in der Bibel (vgl. Mt 2,4 f.) –, sind empört. Nur Menschen, die unverbildet in der immer wieder offenen Weite des Himmels und der Geschichte stehen, wie die Hirten, können sich überraschen lassen. Sie haben den Sinn für das Unerhörte, das Unableitbare, das Einzigartige bewahrt. Bei Gott ist kein Ding unmöglich.

Gott spielt nicht Theater. Er zieht nicht für einen Augenblick eine menschliche Uniform an und tut so als ob. Er treibt auch kein Maskenspiel und grinst einmal hinter der Larve eines Menschen hervor. Es ist ihm blutig ernst. Darum kommt Gott so ärmlich zur Welt. Das Wort ist Fleisch geworden: fern der Heimat, unterwegs, im Stall einer Herberge. Bald beginnen die Nachstellungen des Herodes. Flucht gehört zum Los auch dieses Menschenkindes. Der Flitter an Weihnachten darf uns nicht über die ungeschminkte Realität dieser Menschwerdung täuschen. Hinter der Krippe wird das Kreuz sichtbar. Die Schmerzen der Mutter fehlen nicht. Gott kommt wirklich in Jesus Christus zu uns: in unsere Armut, zu unseren Hütten, in unser Fleisch, in die blutige Wirklichkeit, ans Kreuz.

Hier lauert jedoch noch eine Quelle des Missverständnisses. Es klingt heimelig, wenn Gott in unsere Welt kommt. Man darf jedoch nicht verkennen, dass diese Ankunft bei uns zugleich eine Revolution bedeutet. Jesus Christus bringt nämlich mitten in unsere dem Tod verfallene Welt etwas radikal Neues.

Wenn Gott nur die Bedingungen unseres Lebens annehmen und in sie eingehen würde, wäre dies gewiss schon tröstlich. Aber wenn er uns nicht zugleich die Kraft verleiht, diese Welt von innen her umzugestalten, wäre es traurig. Gott will unsere Welt verändern. Statt der ewigen Selbstbespiegelung möchte er den Menschen über sich selbst hinausführen. Statt Eigenliebe Solidarität mit dem, was beschädigt und verwundet ist. Statt Hass und Aggression Annahme des Anderen und zumal des Fremden. Statt Raffen Teilen. Statt Selbstzufriedenheit Leiden an den Wunden der Welt.

Weihnachten ist nur dem ersten Anschein nach eine Beruhigung. Es scheucht den Menschen auf. Weihnachten entlarvt alle Unmenschlichkeit, protestiert gegen alle Verletzung der Menschenwürde und darf niemanden hoffnungslos und verloren am Rand der Straße liegen lassen. Weihnachten ist darum das Fest der suchenden Liebe Gottes, die keinen preisgibt, keinen aufgibt. Vielleicht kann uns nur Gott im Kind eine solche Zumutung unbefangen und tollkühn zugleich nahebringen.

Dies ist der Geist des christlichen Glaubens, wie er an Weihnachten besonders anschaulich und ernst wird. Es ist aber nicht nur der ewig gleiche Geist des Christentums, sondern er spricht immer auch sehr konkret in eine bestimmte Zeit hinein. Die Menschwerdung Gottes ist einmalig, ja noch genauer: Sie geschieht ein für alle Mal. Jedes Weihnachten erinnert an beides: die Einzigartigkeit und ihre Gültigkeit für immer. Darum spricht uns auch Weihnachten jeweils neu an. Was ist sein Sinn besonders für heute? Der Geist des wahren Christentums ist radikal neu. Er ist nicht einfach die Summe des Vorfindlichen. Er ist nicht das Ergebnis unserer Zustände und unserer Kompromisse.

Wir wollen immer wieder unsere Fragen von heute mit alten Mitteln und untauglichen Denk- und Verhaltensweisen bewältigen. Aber die Tricks haben ausgespielt. Heute spüren wir stärker denn je, dass wir uns nur immer tiefer in die Krise hineinmanövrieren, wenn wir uns mit uns selbst herumtreiben und einander nur den Schwarzen Peter zuschieben. Das Aufmachen alter Rechnungen bringt nichts. Wer nicht zu einer radikalen Umkehr im Sinne der Änderung der Maßstäbe bereit ist, wird die großen Probleme unserer Zeit nicht einmal richtig erkennen: Explosion der Nahrungsmittelpreise auf dem Weltmarkt, Klimawandel, Finanz- und Eurokrise, Arbeitslosigkeit, Umweltzerstörung, grundsätzlicher Vertrauensverlust in politische Strukturen weltweit, erschütternde Friedlosigkeit.

Weihnachten könnte ein Startzeichen werden zum Beginn eines neuen Denkens, das bereit ist zu einem neuen Geist unaufkündbarer Solidarität, geschwisterlichen Teilens und der Rücksicht auf die geplagte Erde, die auch noch künftigen Generationen dienen möchte.

Textnachweis

Folgende Texte liegen dem Buch zugrunde und wurden für die Veröffentlichung überarbeitet:

Weihnachten – die revolutionäre Kraft eines verkannten Festes
Revolutionäre Kraft der Menschlichkeit, Gastkommentar in: Allgemeine Zeitung Mainz, 156 (2006) Nr. 299, Weihnachten 2006, 2.

Warten und Hoffen
Katholische Morgenfeier in hr 2-kultur, 1. Dezember 2013.

»Eile mit Weile«
Wort des Bischofs im Südwestrundfunk, 27. November 2005.

Jesu Anfang
Katholische Morgenfeier in hr 2, 11. Dezember 2005.

Licht und neuer Mut – meine wichtigste Adventserfahrung
Wort des Bischofs im Südwestrundfunk, 18. Dezember 2011.

»Wer's glaubt, wird selig«
In: Rheinische Post vom 24. Dezember 2009, A 6.

»Und das Wort ist Fleisch geworden«
Predigt im Pontifikalamt am Ersten Weihnachtsfeiertag, 25. Dezember 2005, im Hohen Dom zu Mainz.

Gott kommt umsonst
Predigt im Pontifikalamt am Ersten Weihnachtsfeiertag, 25. Dezember 2006, im Hohen Dom zu Mainz.

Licht in der Finsternis
Predigt im Pontifikalamt am Ersten Weihnachtsfeiertag, 25. Dezember 2008, im Hohen Dom zu Mainz.

Gott spricht
Predigt im Pontifikalamt am Ersten Weihnachtsfeiertag, 25. Dezember 2009, im Hohen Dom zu Mainz.

Gottes Verborgenheit im Kind
Predigt im Pontifikalamt am Ersten Weihnachtsfeiertag, 25. Dezember 2010, im Hohen Dom zu Mainz.

»Gott wurde klein erfunden, damit der Mensch groß würde«
Predigt im Pontifikalamt am Ersten Weihnachtsfeiertag, 25. Dezember 2012, im Hohen Dom zu Mainz.

Was Jesus Christus annimmt, erlöst er auch
Predigt im Pontifikalamt am Ersten Weihnachtsfeiertag, 25. Dezember 2013, im Hohen Dom zu Mainz.

Der neue Geist von Weihnachten
Beitrag für »Straubinger Tagblatt / Landshuter Zeitung«, Weihnachten 2011.

Vom selben Autor:

Karl Kardinal Lehmann

Passion, Tod und Auferstehung
verstehen und feiern

TE DEUM.wissen
112 Seiten, gebunden

Jesus Christus erweist sich gerade in seiner Passion und Auferstehung als die unzerstörbare Hoffnung der Welt. Kardinal Lehmann erschließt diesen Gedanken in fünf Meditationen zu den Geheimnissen des Passions- und Ostergeschehens. Die vertraute Wahrheit gewinnt neue Überzeugungs- und Gestaltungskraft für die christliche Existenz.

Verlag Katholisches Bibelwerk Stuttgart
ars liturgica Buch- & Kunstverlag Maria Laach

ISBN 978-3-460-23404-8
www.bibelwerk.de

ISBN 978-3-86534-163-1
www.ars-liturgica.de

Umschlaggestaltung: Finken & Bumiller, Stuttgart
Umschlagmotiv: Beate Heinen: Geburt Jesu

Satz: Barbara Herrmann, Freiburg
Druck und Bindung: finidr s.r.o., Český Těšín

Printed in the Czech Republic

www.bibelwerk.de

ISBN 978-3-460-32133-5